汽车悬架与橡胶弹性元件理论及设计

赵振东　著

国防工业出版社

·北京·

内 容 简 介

悬架的性能直接影响车辆的操纵稳定性、乘坐舒适性等整车性能。而橡胶弹性元件对悬架系统有着至关重要的作用,尤其对于高速行驶的车辆显得更为重要。在实际设计工作中,存在如何确定这些橡胶件性能的要求、根据这些要求如何设计出合理的零部件等诸多问题。本书对汽车悬架及橡胶弹性元件的设计机理进行研究,提出了悬架橡胶弹性元件工程分析及其相关性能参数确定的设计方法,并就橡胶元件对整车性能的影响进行了仿真分析;最后,介绍了汽车悬架系统集成开发平台,描述了该系统主要模块的基本原理和结构功能。

本书可作为从事汽车悬架橡胶弹性元件研发的工程技术人员的专业技术参考书和从事汽车结构设计人员了解橡胶弹性元件的参考书,也可作为高等院校相关专业的教师及研究生的指导书。

图书在版编目(CIP)数据

汽车悬架与橡胶弹性元件理论及设计/赵振东著.
—北京:国防工业出版社,2015.11
ISBN 978-7-118-10463-9

Ⅰ.①汽⋯ Ⅱ.①赵⋯ Ⅲ.①汽车—车悬架—弹性元件—设计 Ⅳ.①U463.330.2

中国版本图书馆 CIP 数据核字(2015)第 283593 号

※

*国防工业出版社*出版发行
(北京市海淀区紫竹院南路 23 号 邮政编码 100048)
三河市众誉天成印务有限公司印刷
新华书店经售

*

开本 710×1000 1/16 印张 11¾ 字数 264 千字
2015 年 11 月第 1 版第 1 次印刷 印数 1—2500 册 定价 45.00 元

(本书如有印装错误,我社负责调换)

国防书店:(010)88540777 发行邮购:(010)88540776
发行传真:(010)88540755 发行业务:(010)88540717

前　言

　　汽车及悬架用橡胶弹性元件的种类逐年增加,尽管橡胶弹性元件结构简单,但作为重要的承载结构零件,对于汽车悬架及整车性能都有很大的影响,成为悬架研究领域中不可忽视的方面。目前,国外不断有新型的橡胶弹性元件出现,说明国外已经掌握了这方面的先进技术,并且实用化。而在国内,人们对于汽车悬架橡胶元件的选型和设计与国外相比尚存在较大的差距。本书的目标是通过研究汽车悬架及橡胶元件设计机理及其对于整车性能的影响,提高悬架橡胶弹性元件的应用和分析技术,丰富和发展现代悬架及橡胶弹性元件的设计方法。

　　本书所开展的研究工作始于 2003 年作者攻读上海同济大学雷雨成教授的车辆工程博士研究生,部分内容结合上海同捷科技股份有限公司的科技研究项目,后续研究依托江苏省"六大人才高峰"项目(2014-JXQC-006)、江苏省自然科学基金研究项目(BK20151462)、南京工程学院校级科研基金项目(YKJ201432)等支持。成书过程中,上海工程技术大学祁宏钟博士对本书的内容安排提出了宝贵意见,南京依维柯汽车有限公司邹小俊高工审核了本书第 5 章等内容。最后,感谢在读博士期间一起学习研究的祁宏钟博士、李峰硕士、袁学明硕士,感谢南京汽车集团有限公司肖秋生高工、南京工程学院张雨教授的帮助和指导。本书出版得到了南京工程学院车辆工程重点专业建设基金的资助。

　　由于作者知识水平有限,书中难免存在疏漏之处,望读者不吝指正。

赵振东

2015 年 5 月

目　录

第 1 章
绪　　　论

1.1　汽车悬架的组成

　　汽车悬架是汽车底盘中最重要的部件,也是车辆改型设计中经常需要重新设计的部件,悬架的性能直接影响到汽车的操纵稳定性、乘坐舒适性等整车性能。在汽车发展的百年里程中,汽车悬架的发展是随着汽车工业的发展而迅速发展起来的。人们对汽车性能提出的越来越高的要求,推动着悬架技术的不断进步,而每次进步都极大地改变着汽车的性能。如今,悬架技术已经成为表征汽车先进与否的标志性技术之一。

1.1.1　悬架系统的组成及分类

　　悬架是现代汽车上的重要总成之一,它把车架(或车身)与车轴(或车轮)弹性地连接起来。其主要任务是传递作用在车轮和车架(或车身)之间的一切力和力矩,并且缓和由不平路面传给车架(或车身)的冲击载荷,衰减由此引起的承载系统的振动,以保证汽车平顺地行驶[1]。

　　悬架通常意义上是由弹簧装置、减振器和导向机构等三部分组成[1]。虽然在车辆的结构实现上,组成悬架的各元件未必都以独立的形式出现,但所体现的功能是各环节需要实现的。例如,常用的纵置钢板弹簧,既有弹簧装置的功能,又兼备了导向机构的功能,所以常用的纵置钢板弹簧悬架结构不再单独装设导向机构元件。主动悬架是将弹簧装置和减振器合二为一的。

　　按结构形式的不同,悬架可以分为独立悬架和非独立悬架两种。近年来,在一些轿车上出现了半独立悬架的结构,其特点介于独立悬架和非独立悬架两者之间。

　　按性能的不同,悬架可以分为被动悬架和主动悬架两种。随着汽车行驶速度的不断提高,人们对汽车行驶平顺性提出了越来越高的要求,传统的被动悬架很难满足这些要求。近几年来,性能更好的主动悬架和半主动悬架成为广大汽车工作者研究的热点。

1.1.2　悬架系统中的力学元件

　　悬架系统中的力学元件有弹簧、减振器、控制臂和连杆、铰链与连接、轮胎等。

1. 弹簧系统

弹簧系统包括弹簧、限位块、减振器和横向稳定杆等部件。

1）弹簧分类

根据传力介质和制造材料,弹簧可分成以下几类:

① 钢制弹簧。

② 空气弹簧和油气弹簧。

③ 复合材料(板)弹簧。

④ 橡胶弹簧。

⑤ 由各种聚氨酯弹性塑料制成的弹簧。

最后两种弹簧主要在轿车的单轴挂车中使用。该类车用聚氨酯弹簧承受压力,而用橡胶弹簧来承受剪力。轿车中只有 Austin 牌微型车采用橡胶弹簧。

为了提高行驶平顺性和使车身高度保持不变,许多大型客车采用空气弹簧。而且越来越多的长途运输卡车和拖车也有采用空气弹簧的大趋势。

对于轿车来说,空气弹簧还不能取代钢制弹簧。因为采用空气弹簧费用很高,与采用变刚度弹簧和不断改进的减振器的系统相比,车辆的行驶平顺性并没有明显提高。

2）钢制弹簧

钢制弹簧的种类如下:

钢板弹簧、螺旋弹簧、扭杆弹簧和横向稳定器。

(1)钢板弹簧。钢板弹簧又分为纵向钢板弹簧和横向钢板弹簧。

纵向钢板弹簧只装在非独立悬架上,而且主要是在载货汽车及其挂车中使用。出于成本和质量上的原因,越来越多的轿车和轻型载货汽车采用只有一片钢板的弹簧,即单片钢板弹簧。

横向板弹簧可用来承担车辆两侧的弹性支承任务。以前它应用在轿车的前独立悬架中,现在这种弹簧只在前轮驱动式车辆的后悬架中应用。

(2)螺旋弹簧。螺旋弹簧广泛应用在轿车的前、后悬架上。通过采用改变弹簧节距、弹簧钢丝直径和弹簧中径的方法,螺旋弹簧的特性可满足悬架所需的刚度性能。

(3)扭杆弹簧。由圆钢制成的圆柱状扭杆可用作支承车身的弹性元件和横向稳定器。为了传递弹性转矩,它的两端形状热锻成花键或方形。也可对接后焊上一个 U 形夹,以便能够很方便地固定在摆臂上。

(4)横向稳定器。横向稳定器的任务是减轻曲线行驶时车身的侧倾,从而提高行驶安全性。当车身两侧车轮同向等幅跳动时,横向稳定器不起作用。

横向稳定器的端点布置得离车轮越近,在保证其功能的前提下可做得越轻,成本也越低,而且作用在所有构件中的力也越小。

采用横向稳定器除了可减轻车身侧倾外,还会影响汽车的操纵稳定性。作用有以下两点:

① 前悬架中采用较硬的横向稳定器有助于汽车的不足转向性,并能改善汽车的蛇形行驶性能。

② 增大后悬架的稳定性,会使前轮驱动车具有中性转向性能,使后轮驱动车具有更大的过度转向性。

3)行程限位块和辅助弹簧

行程限位块是在弹性元件较软或有中等刚度时限制车轮的下落和上跳行程的装置,一般安装在置于减振器或弹簧减振器柱内或安装在螺旋弹簧内,也可直接固定在车桥体上。

与相对较短而又比较硬的压缩行程限位块相比,辅助弹簧要长得多,从而也较软。它具有较合理的特性曲线,并在完全压缩时可承受较大的力。辅助弹簧是由橡胶或聚氨酯弹性体制成。通过将具有线弹性的钢制弹簧与具有斜率递增性特征的辅助弹簧进行组合,可在设计中获得需要的弹性特征曲线。

4)空气弹簧

空气弹簧单位质量的储能量大,且刚度随不断地压缩逐渐增大,有良好的递增性,因而其弹性接近于理想的弹簧特性。

空气弹簧通过增减主气室的空气量可校正车辆高度,开闭主副气室的隔板孔可改变气室的容量而改变空气弹簧的特性——增大容量可使刚度变小,减少容量可加大刚度。

用程序控制空气弹簧特性的变化。如高速行驶时刚度变大,低速行驶时刚度变小;制动或加速行驶时,使刚度变大;转弯行驶也增大刚度,以减少侧倾趋势。空气弹簧可使车载质量变化时的车辆高度保持基本不变,也可使高速行驶时的车辆高度自动降低一些。

空气弹簧的缺点是一旦漏气,车辆就无法继续行驶,要保持压力必须有动力源气泵及其附件。

5)油气弹簧

油气弹簧是空气弹簧的一个特例,它仍用气体作为弹性体,而在气体与活塞之间引入油液作为中间介质。它是由气室、油液及阻尼阀等组成工作室,用皮膜将气体与液体分隔开。工作室用钢筒制造,因此可承受高压,油气弹簧气室里一般为5~7MPa,压力高的可达20MPa[2],是空气弹簧的10~20倍。这样就可以做到体积小、质量轻。

巧妙设计油液的节流孔,就对油液的流动产生阻尼作用,使油气弹簧还起到减振的作用。油气弹簧可做到较低固有频率,实现车身高度的自动调节。

油气弹簧的缺点是其结构复杂,加工精度要求高,维修不便,限制了其在实际的大量使用。

2. 减振器

减振器对行驶安全性和平顺性具有同样重要的意义。它可阻止车轮跳离地面,既保证良好的地面附着性,也可抑制车身的振动。减振器与轮胎和车轮一样同属底盘中更换最频繁的部件。

1)安装方式

减振器的上端固定在车身或车架上,下端与摆臂或车桥连接。当车轮下落时,减振器通常是处在伸张阶段,而车轮上跳时处在压缩阶段。两个阶段均能对振动起抑制作用。

筒式减振器是轿车减振器的主流,从结构上分为单筒式和双筒式,从功能上分有简单筒式减振器、充气式减振器和阻力可调式减振器。

2)双筒减振器的构造及其工作原理

减振器由活塞总成、底阀总成、活塞杆,工作缸和储油筒等构成。活塞的流通阀和底阀的补偿阀是单向阀,阻力主要由螺旋弹簧提供,通常这个力值都很小。因此,流通阀和补偿阀在受到正向压力时仅提供很小的压力降,但当受到反向压力时则提供无穷大的阻力来将流通阀和补偿阀完全封闭。在活塞和底阀上还开有常通的小孔,在减振器受到小负荷、高频率振动时提供压力降。活塞上的拉伸阀和压缩阀是由压力弹簧和阀片控制的压力阀,只有在压力达到一定值时才会开启和上浮,拉伸阀和压缩阀主要是在紊流状态下产生很大的压力降。

当活塞杆及活塞总成向上运动时(拉伸行程),油液通过活塞总成的常通孔或拉伸阀(当油压足够高时)从工作缸上腔流向下腔,由于活塞杆体积的存在,从上腔流向下腔的油液不足以补充下腔的体积变化,一部分油液便会通过底阀上的补偿阀和常通孔从储油筒流向下腔。在油液流过所有这些阀和孔时都会产生压力降,从而消耗掉能量。

当活塞杆及活塞总成向下运动时(压缩行程),油液通过活塞总成的流通阀和常通孔从下腔流向上腔,由于活塞杆体积的存在,从下腔流向上腔的油液量大于上腔的体积变化,一部分油液便会通过底阀上的常通孔或压缩阀(当油液压力足够高时)下腔流向储油筒。在油液流过所有这些阀和孔时都会产生压力降,从而消耗掉能量。

3)示功图和阻尼特性曲线

弹簧力是车轮跳动量的函数,而阻尼力取决于活塞来回运动的速度。阻尼特性曲线是以阻尼力与活塞速度的函数来描述的。为了绘制阻尼特性曲线(以往也称其为阻尼力—速度曲线),要从示功图中找出最大伸张力和压缩力。减振器阻尼特性曲线和示功图有密切关系。斜率递增性曲线对应的示功图包围面积较小,即决定振动性能的平均阻尼值较小。

4）减振器的吊挂装置

吊挂装置用来固定减振器。上端连接在车架、副车架或车身上；下端支承在车桥或摆臂上。它必须满足以下一些要求：无需维修，造价低；为了使活塞杆不受弯曲应力，即使很小的反作用力矩，也会引起角位移（即可允许支承点运动）；可隔噪声（即阻止传递道路噪声）；在阻尼力作用方向的变形极小。

3. 控制臂和连杆

控制臂和连杆是车轮与车身的支撑件，一般在连接部位压入橡胶衬套。控制臂和连杆除承受车身的质量外，还要承受部分行驶中的外力干扰，有很高的强度要求。

控制臂和连杆的长度及其控制点位置的设计对悬架系统的性能有至关重要的影响，这些关键参数的确定往往是综合考虑悬架系统的运动学、动力学、整车操纵稳定性、制动稳定性的结果。实际上要完全满足以上性能的悬架系统几乎是不存在的，悬架产品往往是这些性能折中的结果。

4. 铰链与连接

铰链和连接直接将车轮与车身连接起来，车辆悬架系统中用到的铰链连接主要有杆系端部用球铰链连接、转动铰链和弹性转动铰链、万向节铰链、圆柱滑转铰链以及它们的组合。通过这些铰链的连接，可以完成悬架系统各部件的连接及悬架系统的各种运动协调性要求。

5. 轮胎

来自地面的力和力矩是通过轮胎传递到汽车上的。轮胎是用天然和人工橡胶制成，通过合成纤维或钢丝包裹的方式加强，充有气体的弹性圆环体。胎体或帘布外胎含有若干层帘布。它们被压在胎缘填充芯的周围，用以加强轮胎来承受空气的压力。

轮胎可以分为斜交轮胎和子午线轮胎两个大类。带束具有较高的切向刚度，子午线轮胎表现出较小的接触区域的收缩和由此产生的较低的纵向滑移，还带有一些优点。诸如，低的滚动阻力、较好胎面耐磨性以及改良了的路面附着性，摩擦系数很低，如在湿路面或是冰雪路面上。

1.2 悬架系统的发展历程

悬架设计理论随着时代的进步而不断发展，几十年来有了较大发展，取得了很大的成果。

被动悬架（Passive suspension）发展得最早，应用也最普遍。被动悬架系统也分为独立悬架和非独立悬架系统两个大类。其基本原理于1934年由Olley提出，此后，被动悬架在各种车辆上得到了广泛的应用，至今仍然是车辆悬架结构的主导结构[3]。被动悬架的设计确定后,其弹性特性、阻尼特性和导向特性基本不可改变。因此,设计被动悬架是很难保证车辆的行驶平顺性和操纵稳定性同时达到最优性能。因而,被动悬架的设计通常采取一种折中优化方案。显然,被动悬架对车辆性能的改善是有限度的。

汽车悬架设计理论目前已经发展到了全主动悬架、慢主动悬架和半主动悬架阶段。

全主动悬架(Fully - active suspension)的概念是1954年由GM公司的Federspiel - Labrosse提出的,其出发点是要从根本上解决行驶平顺性和操纵稳定性之间的矛盾问题。主动悬架具有高度的自适应性,悬架的动态特性在车辆的运行中可以任意变更和调整,使车辆的行驶平顺性和操纵稳定性同时得到改善。但主动悬架的液压油缸高频工作时会耗能太大,目前采用低频可控液压缸与一个普通弹簧串联来替代,虽能基本达到主动悬架的水平,但当工作频率高于6Hz时,其性能将急剧变坏。为了降低成本,人们研究了电子式全主动悬架。但是,主动悬架的实现仍相当昂贵。为此,人们开始寻求价格相对低廉的慢主动悬架和半主动悬架来替代全主动悬架。

慢主动悬架(Slow-active suspension)中"慢"的意思是改变全主动悬架的控制逻辑,减小主动悬架控制的带宽。慢主动悬架控制也采用主动控制方案,但控制系统的带宽较低,Milliken建议带宽最高为8Hz[4],Sharp指出,该类控制系统的带宽为3Hz,消耗的能量最小[5]。通常,慢主动悬架的带宽为3~6Hz[6],只负责低频共振区的减振。油气元件是这种悬架应选择的形式。

1973年,D. A. Crosby和D. C. Karnopp提出了半主动悬架(semi - active suspension)的概念,旨在用较低的费用实现主动悬架的性能。由于调节弹簧刚度会影响到悬架的承载能力,如果使用空气弹簧又会增大成本,所以半主动悬架的研究几乎都是从改变减振器阻尼入手,将减振器的阻尼系数分为几级,或在一定的范围内连续变化来实现预期的悬架性能。半主动悬架在性能上可达到与主动悬架接近的水平,而其驱动伺服电动机或电磁阀等执行机构所需的能量很少,故系统消耗的功率比主动悬架小得多。因此,在商业应用上,半主动悬架系统比主动悬架系统更接近实用。从性能角度考虑,半主动悬架突破了被动悬架的静态设计的极限,大幅度改善了车辆的行驶平顺性和操纵稳定性,主动悬架又进一步超越了半主动悬架的极限,使悬架性能趋于完美。

主动悬架和半主动悬架是未来悬架发展的趋势,对半主动悬架和主动悬架的研究是非常必要的。目前的主要工作仅停留在理论和试验研究阶段,主动悬架和半主动悬架距离实际使用尚有一定差距。

我国汽车工业技术水平与国外仍有较大的差距,深刻研究广泛使用的被动悬架系统的设计机理,掌握其设计思想和方法具有非常紧迫的现实意义。

1.3 现代悬架设计模式

1.3.1 传统的汽车悬架设计模式

传统机械系统设计模式的基本程序是:先绘制工程图纸,在经过充分的方案论证后,制造并试验物理样机。如果发现结构或性能存在缺陷,就修改设计方案,然后改进物理样机并再次进行物理样机试验。通常,同样的过程在汽车悬架系统的零部件的设计时要反复多次。

可见,传统的物理样机制造—试验的设计方法会使产品的开发周期相当漫长,这不仅大大增加了产品的开发成本,还会丧失掉很多商机。更为严重的是,用这种方法所设计的产品性能往往达不到最优。

在传统的设计模式中,进行系统动力学和运动学分析时采用的模型也是简化的,少自由度的。在悬架系统设计时使用较多的是汽车的两自由度或四自由度模型。图 1.1 所示为 1/4 车辆及悬架简单模型。这些力学分析模型成功地减少了计算工作量,使问题的分析变得非常简单,很容易就能写出系统运动微分方程并求解,虽然在很多场合下可以得到较为准确的分析结果。但是,由于简化太多,这些模型普遍存在以下几个很明显的缺点:

(1)该模型将汽车这样一个复杂的空间系统简化为一个平面系统进行分析,虽然在很多场合下仍能满足分析问题的需要,但是其分析结果显然与汽车的实际情况差别较大。因为汽车这样一个复杂空间系统在各个方向上的响应是相互作用的。

(2)进行汽车动力学响应特性分析时,汽车悬架系统的结构形式及特点对整车的动力学响应特性影响很大。而在传统的模型中各种悬架结构形式的特点及其对整车性能的影响得不到体现。在设计悬架时,悬架系统与整车的匹配关系不能用上述模型描述出来,无法从整车角度为悬架设计提供可靠的设计参考。

(3)由于简化过程中将许多零部件及相互之间的约束忽略而看成两三个刚体,这样在力学效果上很难达到与实际情况等效一致,影响了动力学响应特性及分析结果的可信度。

同时,传统悬架设计是在典型工况,即某一特定车速、特定路面、特定载荷工况下进行,因此经过优化设计得悬架线性刚度和阻尼特性,是该工况下的匹配结果,并不能保证在其他工况这一结果也是最优。传统悬架设计的线性刚度和阻尼不会随着激振频率的变化而变化,只能在某些行驶工况下保持较好的行驶平顺性和操纵稳定性。实际路面统计分析指出空间频率大多位于 $0.011\mathrm{m}^{-1} < n < 2.83\ \mathrm{m}^{-1}$ 范围内,在常用车速 $v = 10 \sim 30\mathrm{m/s}$ 的范围,相应激励信号的时间频率为 $0.33 \sim$

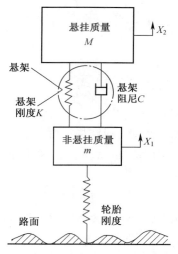

图 1.1 1/4 车辆及悬架简单模型

28.3Hz[7]。悬架系统要在上述的频带内达到最优减振效果,悬架的刚度和阻尼应根据路面的激励状态做相应改变。

由于传统的模型存在以上的缺点,如果利用它的分析结果来预估评价新产品的性能,常常会使设计的结果与预期结果相差较大,导致产品的质量不高。为了提高在日益激烈的市场上的竞争力,企业必须缩短产品的开发周期,进行创新性设计,快速应变市场,同时要提高产品质量,降低产品成本。因此,必须研究适合现代企业发展的产品设计模式。

1.3.2 基于 CAE 的现代悬架设计模式

目前,汽车工业比较发达的国家在汽车的研发和制造过程中普遍采用了计算机辅助工程(CAE)技术,其基本内容如图 1.2 所示[8]。

可以看出,在图 1.2 中,CAE 的一个重要环节是计算机辅助设计(CAD),而在 CAD 中包括功能相当完备的计算机辅助分析(CAA)环节,来进行结构的有限元分析、机构的静力学、运动学、动力学和控制系统分析等。CAA 技术能在设计的早期阶段之前构造虚拟样机,并和计算机辅助优化(CAO)一起实现对产品的虚拟设计。利用虚拟样机技术,可以从系统水平上真实地预测机械机构的工作性能,实现系统水平的最优化设计,该技术在汽车、航空航天、铁路、造船、通用机械等设计制造领域得到广泛的应用。

前已叙及,传统的汽车设计过程是零部件设计方法。工程师首先进行零部件设计,然后将零部件组装成物理样机,并通过试验研究系统的运动,是"由下而上"的设计方法。

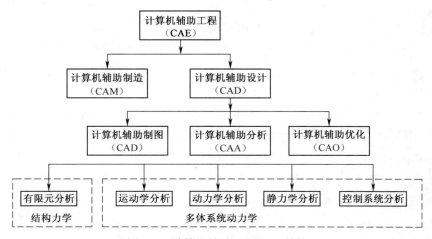

图 1.2 计算机辅助工程 CAE 结构

现代汽车的优化设计过程已经开始由传统的"由下而上"的制造—试验零部件设计模式向利用 CAE 技术进行的"由上而下"开发模式转变。通过在计算机平台上对整车或某总成进行建模和仿真,工程师就可以确定各子系统和零件的技术要求。这样可以在汽车早期开发阶段就完成整车的优化设计工作,避免代价昂贵的失误。例如,在进行悬架系统设计时,工程师在物理样机试制以前,就可以进行有关乘坐舒适性、操纵稳定性等方面的计算机仿真,研究虚拟样机在各种操纵工况下的性能;在计算机上,借助 CAE 软件反复自动修改待确定的参数,直至获得理想的汽车性能。这样,不仅缩短了新产品研制的周期,降低了开发成本,加速了产品的更新换代,同时还提高了产品的质量。

计算机辅助分析(CAA)中的结构有限元法经过多年的发展,早期的理论已转化为了功能相当完备的大型商业软件,如 SAP 系列、ANSYS、NASTRAN 等。而对进行复杂系统的运动学和动力学计算机自动建模和数值分析的研究,即对多体系统动力学的研究也受到普遍的重视。从图 1.2 中可以看出,多体系统动力学的研究对计算机辅助工程(CAE)发展具有十分重要的意义。

多体系统动力学采用程式化的方法,利用计算机解决复杂力学系统的分析与综合问题。它将建模、列写运动微分方程、求解等工作交由计算机来辅助完成,工程技术人员不必考虑推导公式的难易程度。因此在分析大型复杂三维机械系统问题方面具有明显的优势。例如,对汽车悬架动力学分析而言,可以将垂直方向、前后水平方向及横向运动分析统一在一个模型中,方便地建立起整车或悬架的多自由度的动力学模型,为整个汽车系统性能模拟和优化设计提供更为准确、可靠的依据。

多体系统动力学的研究包括建模方法和数值算法两个方面。两者的研究既相互独立又相互联系。建模是指根据实际工程问题的需要,将问题抽象成多刚体、多柔体或刚—柔耦合多体系统,对系统中有关的物理量进行分析和描述,然后利用相关的数学、力学理论和方法推导出多体系统动力学方程。多体系统(多刚体、多柔体或刚—柔耦合多体系统)的动力学方程,一般是非线性常微分方程(ODE)或微分—代数方程(DAE),通常是通过计算机数值仿真得到方程的数值解,然后通过对数值的分析了解多体系统的动力学特性。

建模方法和数值算法是多体系统动力学分析的核心,要迅速而正确地建立系统运动方程,尤其是建立便于计算机进行数值求解的通用性较强的运动方程是极其艰巨和困难的。在多体系统动力学方程的推导过程中,必须进行的运算有 5 种:①向量和矩阵的合差运算;②向量和矩阵的乘积运算;③向量和矩阵的求导运算;④三角关系的化简;⑤动力学方程的线性化。这些运算的处理可以采用两种方法:数值法和符号—数值法[9]。符号—数值法的主要特点是对数学模型进行计算机符号推导,对所得到的方程进行数值运算,最后求出数值解。计算机符号建模的核心内容是建立形成力学模型的各系数矩阵的功能模块,得到尽可能简化的矩阵符号表达式。国外已经开发出了用于计算机符号建模的大型的符号计算专用程序,如 SMP、MACSYMA 等,利用这些语言的功能函数,可以方便地进行符号推导,但这些专用程序所占内存较大,一般不能在计算机上使用。

目前,多体系统动力学的研究重点集中在两个方面。一是已有的理论和软件在工程实际中的应用。大家知道,有限元分析已经可以进行成千上万个单元的运算,但现在见到的多体模型的构件数还相对较少。这说明如何有效地应用已有的多体系统动力学理论和软件来解决复杂的工程实际问题仍有很多工作要做。二是由于有些系统的动力学仿真要求具有实时性(车辆或飞行器的实时控制与仿真、机器人的实时控制),如何提高多体系统动力学方程的计算速度和效率、缩短计算时间也是目前研究的重点。另外,文献[10]综述了柔性多体系统动力学的研究热点问题。

在汽车工程领域,基于多体系统动力学的研究工作也已经展开,文献[11]系统地研究和总结了多体系统动力学及软件在汽车工程中的应用。汽车悬架系统的分析是多体系统动力学研究的重点,已有的研究比较多地集中在独立悬架的运动分析上。而在对于建立更精确的汽车及悬架多体系统模型,并在对悬架运动学和动力学分析的基础上,进一步拓展多体系统动力学在悬架的设计和控制中的运用,还需要进一步加强这些方面的研究。

1.4　汽车悬架中的橡胶元件

1.4.1　橡胶元件在汽车悬架中的应用

近年来对汽车的要求是乘坐舒适、高速、操纵稳定、豪华,并且加紧研究解决有关公害、安全措施和噪声问题。随着这些问题的研究解决,汽车及悬架上用的橡胶弹性件的种类逐年增加,现在已达300余种[12]。防振橡胶的种类因汽车的车系、车型、车种以及因悬挂机构的不同而多少有些差异,其有代表性的主要种类如图1.3所示。

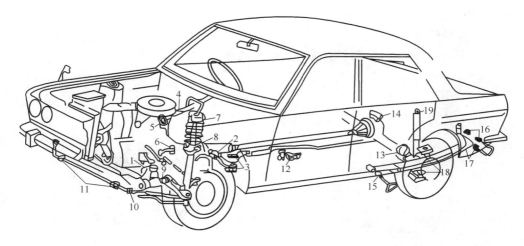

图 1.3　汽车用橡胶元件示例

1—发动机前机架防振橡胶;2—发动机后机架防振橡胶;3—横梁支架防振橡胶;4—转向桂衬套;

5—挠性联轴节;6—随动转向臂衬套;7—麦弗逊式独立悬架防振橡胶;8—螺旋弹簧止动橡胶;

9—横向摆动臂衬套;10—拉杆衬套;11—稳定杆衬套;12—排气尾管防振橡胶;13—后桥缓冲橡胶垫;

14—扭矩限动器的止动橡胶;15—钢板弹簧前衬套;16—钢板弹簧后上衬套;17—钢板弹簧后下衬套;

18—钢板弹簧隔垫;19—吸振器上衬套。

　　研究表明,尽管悬架用橡胶元件结构简单,但作为重要的承载结构零件,对于汽车悬架及整车性能都有很大的影响,成为悬架研究领域中不可忽视的方面。目前,国外不断有新型的橡胶弹性元件出现,说明国外已经掌握了这方面的先进技术,并且实用化。而在国内,人们对于汽车悬架橡胶元件的选型和设计与国外相比尚存在较大的差距。研究橡胶元件在汽车悬架中的应用和分析技术,将有助于提高悬架的设计水平。

　　目前汽车悬架用橡胶元件主要有橡胶衬套、减振器支承、悬架缓冲块、悬架弹簧、稳定杆支承等。使用此类橡胶元件的主要原因如下[12]:

　　(1)橡胶的弹性模量与金属相比非常小,隔离振动的性能优越。

　　(2)借助橡胶材料的黏弹性,橡胶衬套可以用于车辆的降噪。

　　(3)橡胶具有不可压缩性,泊松比为0.5,橡胶的黏弹性能在应力和变形之间产生时间延迟,适合用于防振。

　　(4)橡胶本身不会诱发固有振动,可以避免谐振现象的发生。

　　(5)硫化后容易和金属黏接在一起,使得橡胶元件的体积小、质量轻。

（6）具有能自由选择形状的优点，可适当选择三方向的弹簧常数比。

（7）橡胶弹簧可通过不同的配方和聚合物来选择其阻尼系数。

（8）能在形状不变的情况下改变其弹簧常数；或者在弹簧常数不变的情况下改变其形状，这也是它的优点。

（9）在使用中不需要维护和保养。

汽车悬架用橡胶衬套按制造方法与特性可分为以下几种[13]：

（1）两个同心金属内外筒，橡胶与内外筒粘接，如图 1.4 所示。

（2）内筒接接，外筒压入。

（3）内外筒压入型。

（4）橡胶仅有金属内筒粘接，无外筒，如图 1.5 所示。

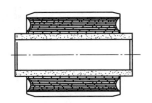

图 1.4　内外筒粘接型橡胶衬套

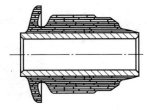

图 1.5　仅内筒粘接型橡胶衬套

悬架橡胶衬套一般采用预承载型。衬套外径比金属外壳的内径还要大，装配过程使橡胶产生很大的变形，装配后，衬套处于受到两个金属壳约束的伸长状态。在实际的使用环境中，这种衬套可能经受轴向、径向和扭转的综合载荷，因此要求衬套零件具有综合使用性能，不仅要求它们在耐久性方面达到一定的标准，而且要求它们在一种或多种变形中的动静刚度符合规范[14]。

麦弗逊悬架一般由螺旋弹簧、减振器和悬架上部连接车身的减振器橡胶支承等部件组成，其中减振器橡胶支承发挥以下作用：在车轮上下跳动时允许主销轴线角度变化；减少振动和噪声；传递载荷；构成主销轴线，在车轮转向时发挥作用[15]。

在汽车车轮大载荷的情况下，悬架用橡胶缓冲块可增加悬架的刚度，以降低金属弹簧的应力。缓冲块的形状和材料决定了刚度和吸收能量的能力。缓冲块设计要求如下[15]：高的能量吸收；与金属弹簧良好的配合，包括碰撞至极限、发挥出最大的作用力等；低的反弹特性。

为了提高悬架侧倾角刚度，减少车身倾角，在悬架系统中采用横向稳定杆结构。传统的横向稳定杆由于扭转刚度是恒定不变的，不能根据汽车左右车轮跳动幅度差值大小相应变化，因此在设计时，往往采用折中妥协方案。这样，限制了进一步提高汽车行驶性能的能力。另外，传统的横向稳定杆装置对于零件安装精度要求较高，如果安装尺寸控制不好，容易使稳定杆额外承担弯曲力矩，降低稳定杆的疲劳寿命。

图 1.6 展示了一种汽车横向稳定杆装置[16]，横向稳定杆 1 通过过盈配合或者键连接的方式与橡胶拨叉 2 连接，橡胶拨叉 2 与垂向节臂 4 一端通过连接螺栓 3 连接，垂向节臂 4 的另一端通过球铰链 5 与悬架摆臂连接。

当汽车行驶在良好路面时，左右车轮相对车身跳动幅度相差很小时，由于橡胶在小变形的刚度远低于金属稳定杆，有橡胶拨叉 2 发挥平衡左右车轮跳动，因此，横向稳定杆装置在"复制"左右车轮的"颠簸"几乎不起作用，从而提高了汽车的行驶平顺性能。当汽车行驶在恶劣路面或者急转弯时，左右车轮相对车身跳动幅度差值加大，此时橡胶拨叉 2 刚度急剧上升，并不小于横向稳定杆 1 扭转刚度，从而带动横向稳定杆 1 扭转，提高汽车的侧倾角刚度，从而保证了车辆的操纵稳定性能。

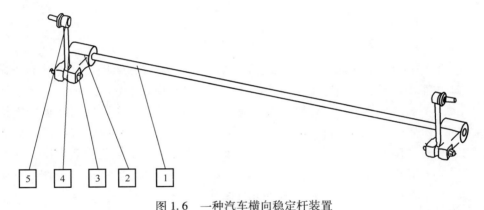

图 1.6　一种汽车横向稳定杆装置
1—横向稳定杆；2—橡胶拨叉；3—螺栓；4—垂向节臂；5—球铰链。

该汽车横向稳定杆装置提供了变扭转刚度特性，有效兼顾了汽车不同工况的设计需求，改善了汽车的行驶性能。同时，橡胶拨叉特有的多自由度柔性，如图 1.7 所示，提高了该装置的安装容错能力，避免了横向稳定杆 1 承受额外的弯曲应力，提高了横向稳定杆 1 的疲劳寿命。

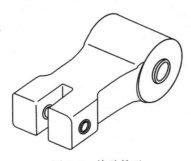

图 1.7　橡胶拨叉

橡胶扭转弹簧在车辆上使用已有 60 年的历史,亦有成功应用实例,由于扭杆弹簧具有一些独特的优点,如消除悬架振动的啸叫声、允许一定的安装误差、柔软的弹性特性,因此,可以使用在对安装空间比较宽松的重型汽车上。图 1.8 所示为橡胶扭转弹簧力和扭矩作用[15]。

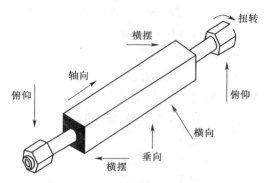

图 1.8　橡胶扭转弹簧力和扭矩作用

单纵臂式螺旋弹簧悬架是小型汽车上常用的一种后悬架机构。传统的单纵臂式螺旋弹簧悬架包括金属螺旋弹簧、减振器、减振器横梁、纵拉杆、横拉杆等。螺旋弹簧上下端分别与车身(或车架)和车轴连接,减振器上下端分别与减振器横梁和车轴连接。由于螺旋弹簧只能承受垂向力,故该机构纵拉杆和横拉杆作为纵向和侧向的受力杆件必不可少。传统单纵臂悬架机构存在金属螺旋弹簧刚度变化曲线难以匹配实际行驶工况需要,零件数量多,悬架系统自重偏大等问题。图 1.9 所示为一种单纵臂式悬架机构[17],弹性元件采用锥形橡胶弹簧,该弹簧可以承受垂向、纵向、侧向受力。该悬架机构可以取消侧拉杆,降低纵拉杆的强度要求,从而达到降低机构自重、简化机构的目的。同时,采用橡胶体作为弹性元件,并避免了金

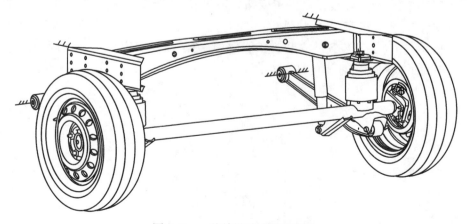

图 1.9　一种单纵臂式悬架机构

属弹性元件振动过程中产生的噪声。图1.10所示为锥形橡胶弹簧立体图,图1.11所示为锥形橡胶弹性剖面图,该件复合多层橡胶体和金属轴套,该橡胶弹簧可以更易于实现非线性刚度设计,锥形结构兼具有自定位功能。

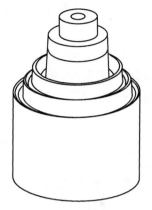

图 1.10　锥形橡胶弹簧立体图

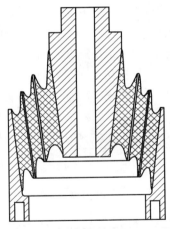

图 1.11　锥形橡胶弹性剖面图

1.4.2　悬架橡胶元件对于整车性能的影响

悬架橡胶元件对于整车性能的影响是多方面的、综合的,主要体现在低频的操纵稳定性、平顺性和高频的整车 NVH 特性,这是由于橡胶元件所特有的力学特性所决定的。悬架橡胶元件对于整车性能的关系如图1.12所示。

悬架弹性运动学指考虑橡胶元件的弹性作用,研究车轮定位参数与车轮跳动量之间关系的影响。悬架弹性运动学特性直接影响到汽车的操纵稳定性。从本书第7章介绍的一空间多连杆后悬架橡胶元件优化实例可以看出,经优化橡胶元件各向刚度后,后轮前束角变化非常明显。橡胶元件各向刚度同时还影响悬架侧倾角刚度的大小,一般认为橡胶元件对于车身抗侧倾性能贡献在 10% 左右[15]。

橡胶元件通过改变车辆垂向、水平方向的悬架系统刚度直接影响车辆平顺性,由于橡胶元件轴向及径向刚度与阻尼的影响(与元件具体安装位置有关),元件对于汽车水平顺从性的影响同样不容忽视,橡胶阻尼对抑制低频区振动效果十分明显[18]。悬架系统的垂直刚度由 4 部分组成:①主簧线刚度及导向机构几何参数确定的刚度 K_0;②由过约束引起的导向机构杆件变形和橡胶元件的变形引起的刚度 K_1;③转向时,由于横向稳定杆扭转决定的刚度 K_2;④悬架橡胶缓冲块决定的刚度 K_3。其中,橡胶元件影响悬架刚度 K_1 可以通过试验或虚拟仿真来测试。在车辆悬架小变形范围内,橡胶元件对于悬架系统的垂向刚度影响较小[19]。

改变悬架支承的刚度可以降低有轮胎与悬架传递的道路噪声[20]。为了有效地进行参数的优化设计与修改,必须了解哪些设计变量对目标函数的影响最大,进行灵敏性分析,即研究具体哪一个元件对于目标的敏感程度最高,以及具体是元件的哪一个方向的刚度对于目标的敏感度最高。图 1.13 所示为某轿车复合式后悬架车身加速度 Z 对车轮加速度输入 $\ddot{Z}$ 的幅频特性曲线[21],以是否考虑橡胶元件的两种悬架振动系统进行对比分析。由图 1.13 可以看出,橡胶元件引起悬架振动系统传递特性的变化十分重要:一是对汽车的振动平顺性最为重要的车身固有频率附近;二是对固体波动乃至噪声控制十分重要的高频段,直接影响到汽车的 NVH 特性。在车身固有频率附近和高于 30Hz 的频率范围内,考虑橡胶元件的悬架系统隔振性能要优于不考虑橡胶元件的系统,而且改善程度随着频率的升高而愈加显著。

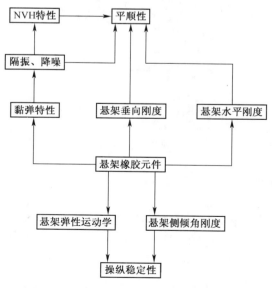

图 1.12 橡胶元件对于整车性能影响关系

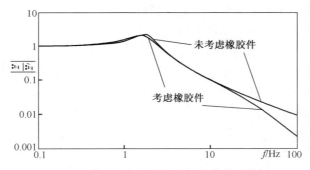

图 1.13　某后悬架两种振动系统的传递特性

进一步的研究还表明,独立悬架中下摆臂与车架连接处橡胶元件既能减小汽车的振动,有时也会增加某些环节的振动。增大径向刚度可以抑制摆臂在水平面绕垂直轴的振动,但会恶化转向轮绕主销转角的摆振,而对车轮的纵向振动几乎没有影响。增大轴向刚度可以抑制摆臂在水平面绕垂直轴的振动,也会恶化转向轮绕主销转角的摆振,而对车轮的纵向振动变化很小。根据摆振对橡胶元件轴向和径向刚度的灵敏性分析,提高橡胶元件轴向和径向刚度对降低汽车摆振都是有益的,但单位轴向刚度变化对摆振的影响程度是单位径向刚度变化的 4 倍左右[22],因此增加轴向刚度对减弱摆振的效果更明显。

1.5　国内外研究状况

近年来,随着数学、力学、计算机科学与技术、人工智能、优化理论等学科的迅猛发展,为解决汽车悬架的分析、设计和理论研究提供了有力的工具。国内外研究人员综合运用现代先进的设计理论与方法,对车辆悬架进行了大量的研究工作,形成了诸多的最新科研成果。

主动悬架研究主要集中在控制理论方面和原理性模型试验方面。在控制理论研究方面主要有状态反馈控制和决策控制两类,前者根据系统的状态和当前激励来调节执行机构的输出,可对系统进行精确控制,主要用于实时性的主动悬架控制,但对硬件要求很高;后者根据路面激励的统计特性来调节系统系数,虽不如状态控制那样精确、及时,但控制比较简单,对硬件要求较低,更容易在车辆上实现。为了提高悬架控制效果,研究者已将随机最优控制、相对控制、天棚(Sky-Hook)原理、预测控制、自适应控制、神经网络理论、模糊控制理论等用到悬架系统的设计研究中,并取得了一定的效果。

从今后发展的角度来看,该领域的研究应该向以下几点努力:

(1)进一步通过改善控制系统的结构和参数来提高悬架的性能。

(2)进一步减小主动减振系统的能量消耗,扩大其应用范围。

（3）进一步加大半主动悬架阻尼力多级可调系统的研究。

（4）进一步加强对悬架元件非线性特性的理论研究。

在被动悬架的研究领域，国内外的专家学者运用现代数学、力学、计算机科学技术等综合手段仍在孜孜不倦地探索被动悬架的客观规律，不断丰富和发展悬架研究理论和方法。从而导致新型悬架机构不断出现，并逐步运用到产业化车辆上。被动悬架在各种车辆上得到了广泛的应用，至今仍然是车辆悬架类型的主导结构。尤其对于我国现阶段的汽车设计水平和自主开发需要来说，掌握悬架设计关键技术和方法已刻不容缓。

纵观目前有关被动悬架的研究文献和论述，悬架橡胶连接件正受到越来越多的研究者重视。为了使车辆获得良好的操纵稳定性和乘坐舒适性，如前文所述，在车辆的悬架系统的连接位置上使用了大量的橡胶件。已有众多研究证明，尽管这些橡胶连接件的结构简单，但它们对车辆减振、降噪和悬架的性能都有很大的影响，必须对其进行详细研究。M. Demic[23]从整车操纵稳定性和平顺性的角度出发，优化包括悬架衬套在内的多个弹性阻尼元件的刚度设计。类似工作还有，Nobutaka 等人[20]从降低噪声、提高平顺性角度，优化悬架橡胶衬套刚度；Ju Seok Kang 等人提出了考虑橡胶衬套的悬架线性弹性运动学方程，并与 ADAMS 软件计算结果进行对比，同时还对衬套的各参数进行灵敏性分析及优化设计[24]。

近年来，研究者还积极运用各种方法尝试研究橡胶衬套自身设计机理。Stawomir Dzierzek[25]建立了衬套的力学模型，估算其刚度及阻尼特性。Seong Beom Lee 等人[26]研究了弹性衬套的非线性黏弹性耦合模型。同时，许多研究人员努力运用有限元技术进行汽车橡胶衬套的设计分析工作[27-31]。国内研究人员也积极关注并重视悬架橡胶衬套设计研究工作。文献[32,33]利用有限元分析软件进行了橡胶有限元建模技术的数值分析，预测橡胶衬套的线性、非线性静态弹性特性。文献[34]提出了基于能量分析的橡胶元件非线性动态特性研究方法。在橡胶衬套对悬架及整车的贡献研究上，较多的工作集中在悬架运动学研究[19,32]和整车弹性运动学（随动转向）[35]。文献[36,37]研究了悬架橡胶元件在隔振、整车降噪的设计方法。

C. N. Spentzas[38]和 J. A. Tamboli[39]采用不同的优化算法，以车辆平顺性（振动加速度均方根值）为目标，以前后悬架刚度及阻尼系数为设计变量，建立整车及悬架刚体力学模型进行设计优化。而 P. A. Simionescu[40]和 Kwon-Hee Suh[41]等人分别以悬架运动学指标、车辆横摆角速度等车辆操稳指标为目标，以悬架几何参数为变量进行优化设计研究。Kikuo Fujita 等人[42]建立了一个相当复杂的优化模型，采用遗传优化算法，目标函数包括悬架运动学指标（前束角、外倾角）、操稳指标（侧倾中心高度等）、平顺性指标（振动加速度等），设计变量则多达 92 个，其中 86 个为几何参数，同时考虑悬架刚度及阻尼系数及横向稳定杆刚度共 6 个参数作为变量。国内研究者在此领域也做了比较多的研究工作。文献[43]-[48]等尽管采用的优化算法不同,但研究内容基本同上所述。

综合所阅悬架橡胶元件文献:①在橡胶元件非线性静特性及动特性分析方面,采用不同的方法及理论进行研究,获得了一定的研究成果;②国外基于悬架及整车性能指标对橡胶元件进行优化分析和探讨,但详细的优化方法、优化模型并未具体给出,且优化规模、对象不一而同,有必要继续深入研究;③已有的研究更多侧重于在已有物理样机的情况下进行分析、改进、提高,但对于在整车及悬架设计早期阶段,如何进行橡胶衬套的正向设计,不是那种试错、试验式的,国内外未见有报道。开展这方面的尝试研究具备更大的工程价值。

从所查悬架相关资料来看,研究者积极运用现代先进的设计理论和方法,其中又以 CAE 技术为主导,形成了一个较宽广的探索汽车被动悬架设计机理的研究领域。但在进行上述研究工作时,国内外的研究者均未建立统一的整车性能评价目标,或以单一的平顺性指标[39]或操稳性指标[40,41]为目标,或同时选取部分平顺性指标及操稳性指标作为评价目标[42],因此寻优结果只能是在一个粗略的平台上获得,难以在一个全局的、系统的范围内获得最佳方案(与优化算法的选择无关)。整车平顺性及操纵稳定性是一矛盾的对立统一体。只有通过研究同时评价统一的整车操稳性能和平顺性能的方法,建立系统的、精确的评价模型,才能精确确定优化目标。目前,国内分别对整车操稳性及整车平顺性的主、客观评价有较多的研究[49-51],并且各自的评价研究仍然在不断的深入探讨。由于悬架系统内部各柔体元件直接影响到整车的各项性能指标。因此,在开展车辆悬架上述领域研究工作时,必须首先建立基于理论的悬架及整车性能的评价方法,充分考虑到橡胶衬套、横向稳定杆等其他弹性件力学性能,研究悬架及车辆的运动学、动力学特性,才能更为全面、准确地掌握悬架及整车的内在规律与联系。

1.6 本书的内容及意义

本书的研究目的是运用先进的开发设计理论和分析手段,在借鉴国内外同类研究成果的基础上,应用车辆动力学及仿真技术、优化技术、汽车及零部件试验技术、试验设计方法、数理统计理论,对悬架橡胶元件及悬架与整车的关系进行深入系统的动力学建模、分析、仿真及试验研究。从车辆工程应用角度考虑,提出了悬架橡胶衬套理论分析、工程设计及其相关性能参数确定的设计方法。观察悬架参数变化及整车性能需要与悬架橡胶弹性元件之间的客观规律,进行汽车悬架及橡胶弹性元件设计理论分析与研究工作,努力探索汽车悬架的内部设计机理。

悬架橡胶弹性元件选型和开发与汽车悬架设计紧密相关,本书第 2 章首先介绍车辆悬架的一般设计方法和理论,并对本书主要的分析工具——多体系统动力学及 ADAMS 应用软件作一简介。

悬架橡胶衬套是汽车重要的承载结构零件,为了精确分析车辆悬架系统的动力学特性,必须对衬套的力学性能进行准确的力学分析。第 3 章讨论了悬架系统中橡胶元件的性能及其理论计算方法,并指出这些方法仅对于规整形状的橡胶元件在小变形的范围内具有参考意义,在工程中实际使用仍具有很大的局限性。本章还探讨了橡胶弹性元件性能的预测方法,运用灰色系统理论预测橡胶蠕变性能,并归纳了疲劳寿命的预测流程。第 4 章概述了橡胶的材料技术,总结了适合汽车悬架用的几种橡胶本构理论,运用有限元分析理论,对橡胶元件进行非线性有限元分析,充分考虑橡胶件的边界条件,并与试验数据对比,结果显示分析精度能较好地满足工程的需要。本章还总结了有限元法在橡胶弹性元件分析中的发展。

第 5 章归纳了橡胶弹性元件的试验技术,并对橡胶元件的动态试验结果进行了分析。第 6 章分析了悬架橡胶衬套对悬架运动学及定位参数的影响。

悬架系统大量采用橡胶元件的一个重要原因就是满足弹性运动学的需要,这些柔性的弹性连接允许悬架部件在外力的作用下产生微小的变形,从而达到改善悬架性能的目的,第 7 章开展了基于悬架弹性运动学的橡胶衬套各向刚度的优化设计方法及流程研究,根据优化结果,可以确定橡胶衬套的力学参数。

研究表明,橡胶元件与整车的振动 NVH 特性密切相关,第 8 章对这种相关性进行了方法学的理论研究,研究悬架橡胶衬套与整车 NVH 性能的影响关系,运用正交试验设计和回归分析方法,建构衬套特性与 NVH 振动特性的方程关系式,并在此基础上能根据指定的振动指标反求橡胶衬套的力学参数。

第 9 章总结了橡胶弹性元件设计技术的发展方向。

通过上述工作的研究,可以较为深入地了解橡胶元件的设计机理、橡胶元件与悬架系统及整车的内在联系以及橡胶元件正向工程设计的参数确定方法,为产品的改进和开发提供理论武器,因此这些研究是非常有意义的。

第 10 章介绍了作者参与的浙江省科技厅的重大科技攻关项目——《轿车、微型汽车悬架及底盘系统集成开发平台》,该系统通过集成数据库、专家系统和虚拟设计系统等,建立汽车悬架及底盘系统集成开发平台,具体包括悬架及底盘零部件数据库,系统选型、匹配模块,底盘性能初步估算,三维参数化总布置设计系统,底盘仿真分析等解决方案。该系统旨在为汽车产品的开发提供先进的设计分析手段,以达到缩短设计周期、提高设计产品质量的目的。

第 11 章为全书总结。

第2章
汽车悬架设计方法及理论

2.1 悬架系统一般设计过程

2.1.1 悬架形式分析

悬架的选型,首先根据传动系统布置定出大致范围,然后根据所设计汽车的风格和工厂对市场的策略,决定具体悬架方案。定方案时,要综合分析比较悬架对车身结构的适应性、生产变型车的可能性、技术服务措施、重量及成本等项。轿车前悬架不论传动形式如何,一般都采用独立悬架,而后悬架可选择独立悬架或非独立悬架两种。对前置发动机前驱动(FF)车型和后置发动机后驱动(RR)车型,从构造上考虑,采用后轮独立悬架是有利的,甚至是必要的,但对普通的前置发动机后驱动(FR)车型,后悬架独立型和非独立型都可采用。

此外,悬架的选型还取决于该车的销售政策,并且是影响车辆风格的关键。前置发动机后驱动车型的运动型轿车、带有运动风格的轿车以及欧洲的高级轿车,后轮多采用独立悬架;而其他车辆上也可采用非独立悬架。

后轮采用独立悬架的优点如下:

① 车身低。
② 路面附着性好。
③ 操纵性好。
④ 能吸收路面噪声。
⑤ 能消除空腔共鸣声。
⑥ 行李箱宽敞。

这种悬架的缺点是:由于主减速器机构在车身底盘下悬置,必须采取防振、防噪声措施,从而使得构造复杂,并增加了整车重量。

非独立悬架的优、缺点与上述情况大致相反。随着技术的不断改进,独立悬架在总布置上或性能上的缺点,逐渐被克服。为了提高路面附着性能,可采用麦弗逊式或双横臂式悬架,这样可以减小簧下质量;为了提高操纵性能,应改进前悬架结构;为了吸收路面噪声,可使悬架的支撑部位采取适当的挠性连接;为了消除空腔共鸣声,可减少驱动轴系刚度或采用臂式悬架;为了加大行李箱容积,可采用螺旋弹簧独立悬架。

非独立式后悬架在性能上虽然有许多缺点,然而用在普通轿车上,却可收到令人十分满意的防振与防噪声的效果。再加上这种悬架结构简单、成本较低、用途也比较广泛。

2.1.2 悬架的设计目标

根据《汽车理论》的分析,悬架与汽车的多种使用性能有关,在悬架设计中应满足这些性能的要求,其要点如下[1]:

(1)保证汽车有良好的行驶平顺性。为此,汽车应有较低的振动频率,乘员在车中承受的振动加速度应不超过国际标准 ISO 2631—1∶1997(E)规定的人体承受振动界限值。

(2)有合适的减振性能。它应与悬架的弹性特性很好匹配,保证车身和车轮在共振区的振幅小,振动衰减快。

(3)保证汽车有良好的操纵稳定性。导向机构在车轮跳动时,应不使主销定位参数变化过大,车轮运动与导向机构运动应协调,不出现摆振现象。转向时整车应有一些不足转向特性。

(4)汽车制动和加速时能保持车身稳定,减少车身纵倾(即“点头”或“后仰”)的可能性。

(5)能可靠地传递车身与车轮间的一切力和力矩,零部件质量轻并有足够的强度和寿命。

2.1.3 设计程序

普通轿车悬架设计大致可按下列程序进行:

(1)使对各种性能及重量的要求条理化。

(2)决定前后悬架构造,估计前后负荷分配,并研究车的姿势。

(3)通过总布置草案要分析的项目:轮距、车轴系统所需要的空间及各杆系的排列,弹簧、减振器及缓冲块的布置,转向角、车轮上下跳动量及动力总成的尺寸,悬架支撑点与车身支撑点,转向系统布置、稳定杆布置以及有关车身的大略尺寸。

(4)决定悬架在车身上的支撑点。

(5)决定防振、防噪声方式,研究动力总成的防振支撑机构,核对驱动轴系的刚度及悬架杆系支撑刚度。

(6)性能计算要研究以下项目:簧上和簧下重量的振动频率、悬架刚度、车的姿态、减振器特性、俯仰特性、重心高度、侧倾中心、前后侧倾刚度、转弯时负荷的转移量和前轮定位参数变化的关系、抗点头(anti dive)、轴转向特性(axle steer)、转向节主销回转力矩、驱动扭矩和车轴回振(wind-up)等。

（7）总布置草图，决定杆件几何形状和前轮定位参数，确定车轮、车轴、制动、转向、动力总成等的相互关系，各支撑点结构、轴承部分的密封结构、球铰动作角度、各部件形状、离地间隙等。分析研究保养和注油方法等。

（8）负荷及强度计算，求出车轮上跳极限、制动、转向时各杆系支撑点的负荷，从而决定主要部件的刚度和强度。对驱动轮的悬架必须核对加速时的刚度和强度。准备性试验对解决上述问题可提供宝贵资料，所以在规划初期阶段就应该进行，并将其结果反映到设计中去。

（9）各零件的设计，具体指出尺寸、刚度、强度同有关零件的关系以及准备性试验的结果，并在重量和成本的限制范围内进行各零件的设计。

2.1.4　悬架性能指标介绍

1. 运动学特性

悬架运动学指车轮定位参数包括轮距随车轮中心垂直跳动时的变化关系。它包括以下 5 个方面：

1）车轮外倾角

车轮外倾角具有定位作用，外倾角过大或者过小，都会使轮胎产生偏磨，造成车轮零部件磨损加剧。一般车轮外倾角为 1° 左右。

2）车轮前束

前束在很大程度上减轻和消除了由于车轮外倾而产生的不良后果，可以使车轮在每一瞬时滚动方向接近于向着正前方。前轮前束可以通过改变横拉杆的长度来调整。调整时可根据各厂家规定的测量位置。一般前束值为 0~12mm。

3）主销内倾角

主销内倾角有使车轮自动回正的作用，主销内倾角减少了主销轴线与路面交点到车轮中心平面与路面交线的距离 c，使得转向操纵轻便。但是 c 不宜过小，即内倾角不宜过大；否则在转向时，车轮绕主销偏转过程中，轮胎与路面间将产生较大的滑动，因而增加了轮胎与路面间的摩擦阻力，不仅使转向变得沉重，而且加速轮胎磨损。主销内倾角范围一般为 5°~8°。

4）主销后倾角

主销后倾角能形成回正的稳定力矩，但是此力矩不宜过大；否则在转向时为了克服此稳定力矩，驾驶员必须在转向盘上施加较大的力，从而转向盘沉重。一般为主销后倾角 0°~3°。

5）车轮轮距

车轮轮距变化越大，轮胎磨损越严重，直接影响轮胎使用寿命，因此应该尽量降低车辆使用过程中的轮距变化量。

2. 悬架总成特性

1）静挠度 f_c

从空载位置开始,加载到满载位置时,车轮中心相对车架(身)的垂直位移大小称为静挠度 f_c。车身振动偏频直接和悬架静挠度有关,即

$$n \approx \frac{5}{\sqrt{f_c}}$$

式中　n——悬架偏频,一般轿车的静挠度范围为 $10 \sim 30\mathrm{cm}$。

2）动挠度 f_d

由满载位置开始,悬架压缩到结构允许的最大变形时(通常指缓冲块压到其自由高度的 $1/2$ 或 $2/3$),车轮中心相对车架的垂直位移大小称为动挠度 f_d。为了防止在不平路面上行驶时经常冲击缓冲块,动挠度应该足够大,但是存在空间布置的约束,对行驶在良好路面上的轿车,f_d 取值可以小一些,一般轿车的动挠度为 $7 \sim 9\mathrm{cm}$。

3）悬架系统部分固有频率(偏频) n

偏频表达式为

$$n = \frac{1}{2\pi}\sqrt{\frac{k}{m}}$$

式中　k——悬架刚度;

　　　m——簧载质量。

偏频大小影响行驶平顺性,车身振动加速度 $\ddot{z}$ 与激励输入 $\dot{q}$ 的幅频特性 $\left|\dfrac{\ddot{z}}{\dot{q}}\right|$ 在高共振区和高频段随偏频比例增大,因此,希望偏频取低一些,一般轿车数值为 $0.9 \sim 1.6\mathrm{Hz}$。较低的偏频也有利于改善车轮的附着性能。

4）悬架系统阻尼比 ξ

阻尼比表达式为

$$\xi = \frac{C}{2\sqrt{mk}}$$

式中　C——减振器阻力系数;

　　　k——悬架刚度;

　　　m——簧载质量。

阻尼比数值取得大能迅速衰减振动,但会把较大的不平路面冲击力传到车身;阻尼比过小,衰减效果差,不利于车辆平顺性。一般而言,阻尼比应为 $0.25 \sim 0.35$。

5）悬架系统轮胎的相对动载变化量

车轮与路面间的动载与车轮与路面间的静载的比值为相对动载。相对动载直

接影响汽车的操纵稳定性。

6）整车条件下悬架系统振动传递性能

其包括轮心到座椅的悬架系统振动传递特性和轮心到车身的悬架系统振动传递特性。

3. 悬架特性对整车性能的影响

1）前、后悬架偏频的匹配

前、后悬架系统的偏频及静挠度的匹配对汽车行驶平顺性有很大影响，一般使前、后悬架的静挠度及偏频接近以免造成较大的车身角振动。当车辆以较高车速驶过单个路障时，$n_1/n_2 < 1$ 时车身角振动要比 $n_1/n_2 > 1$ 时小。推荐 $f_{c_2} = (0.8 \sim 0.9)f_{c_1}$，对于货车，考虑到前后轴荷的差别和驾驶员的乘坐舒适性，其前悬架的静挠度一般大于后悬架，取 $f_{c_2} = (0.6 \sim 0.8)f_{c_1}$。对于个别微型轿车，为了改善其后座舒适性，设计成前悬架系统的偏频高于后悬架系统的。

2）车轮抓地性能的影响因素

轮胎具有良好的抓地性能是汽车行驶安全性的必要条件，相对动载荷是影响车轮抓地能力的主要因素，相对动载 $F_d/G > 1$ 时，动载变化的幅值超过静载 G，法向载荷小于零，这时车轮会跳离地面完全失去附着。偏频及阻尼比对车轮附着性能的影响与两者对车身垂直加速度的影响趋势相同，偏频过高（悬架刚度偏大）会造成车轮附着性变差，低一些有利；阻尼比增高对车轮附着性影响不太明显，但是阻尼比过低会导致地面附着性能变差。

2.2　悬架运动学分析方法

运动学分析主要考虑由于轮胎和路面之间的力和力矩引起车轮定位值的变化。主要研究轴距、轮距、侧倾中心和侧倾轴线、车轮外倾角、车轮前束、主销内倾、主销后倾和纵倾中心等参数。这些参数决定了车辆的很多性能。弹性运动学分析是在运动学分析的基础上，考虑橡胶连接件和刚性体的可变形程度来分析对车辆性能的影响。这些影响在高速和大侧向加速度下是非常重要的。

2.2.1　悬架平面机构运动学分析

在以前设计的车辆独立悬架系统中常常使用的双横臂式悬架，在很长的一段时间内都采用了平面设计的方法，即所有的铰接节点都在一平行面内，悬架系统的控制臂和连杆的运动也都限制在这个平面内，所有的斜向力都由铰链（当时只有转动铰链）轴销承受。直到可靠的球铰出现后，导向杆系的空间运动成为不可回避的问题，并进一步体现了其优越性后，性能更加优良的车辆悬架系统的设计要求打破了平面设计惯例，空间运动学分析出现了。平面机构在现代独立悬架系统中已经很少见了。

从图 2.1 中可以清楚地看到平面双横臂悬架主销内倾角随着车轮跳动过程的变化情况。

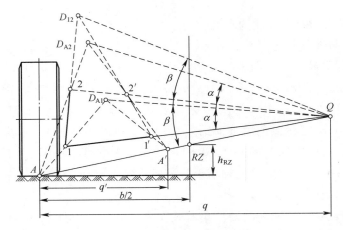

图 2.1　平面双横臂悬架运动学分析示意图

实际上,对于任何用作转向的前悬架系统而言,考虑转向拉杆的作用时,悬架系统都不可能是平面机构,如果采用了平面机构运动学的方法进行设计,由于车轮跳动和横向运动必然导致严重的转向盘振动。

如果平面悬架运用在了驱动桥上,就必须在车辆的 5 个特性之间找到一个折衷方案,这 5 个参数是侧倾中心、突然转向(bump steer)、外倾角变化、制动力支撑角和驱动力支撑角。但通常都会牺牲驱动力支撑角。

2.2.2　悬架空间运动学分析

独立悬架系统运动学的分析理论大致可以分为两种:一种是基于空间机构学的分析方法,以向量运算来完成,一般求解问题不超过三维空间;另一种是多体系统动力学理论,这种理论为求解复杂多位空间问题提供了强有力的工具,具有能求解多维空间多个自由度问题的能力,多体系统动力学分析方法见附录 A。目前在汽车行业中普遍使用的 Adams 多体系统分析软件就是这种理论的典型代表。

下面就空间机构学分析方法进行简单介绍[19]。

1. 模型建立

图 2.2 所示为麦弗逊独立悬架的结构简图。坐标原点为整车总布置设计的坐标原点。X 轴指向车辆的前方,Z 轴垂直向上,Y 轴指向车辆右侧。图中所示为右前轮。E 点、D 点和 Q 点在悬架运动过程中保持不变,这两点的坐标值是已知的,即

$$[E] = [X_E \quad Y_E \quad Z_E]^T, [D] = [X_D \quad Y_D \quad Z_D]^T, [Q] = [X_Q \quad Y_Q \quad Z_Q]^T$$

G 点、C 点和 K 点在平衡位置的坐标已知,为 $[G_0] = [X_{G0} \quad Y_{G0} \quad Z_{G0}]^T$, $[C_0] = [X_{C0} \quad Y_{C0} \quad Z_{C0}]^T$, $[K_0] = [X_{K0} \quad Y_{K0} \quad Z_{K0}]^T$

角度 θ 和 ϕ 为处于平衡位置的摆臂在 $X'-Y'$ 平面和 $X'-Z'$ 平面上的投影与 X 轴的夹角,这是已知量。

根据投影角可以确定摆臂摆动轴线 U 的方向余弦为

$$[U] = [U_X \ U_Y \ U_Z]^T = [1/\sqrt{1 + \tan^2\theta + \tan^2\phi}, U_X\tan\theta - U_X\tan\phi]^T \quad (2.1)$$

当车轮跳动时,摆臂绕摆动轴线 U 上下摆动。因而必须计算出当摆臂摆动角度 α 时,悬架上其他各点的位置坐标。

1)G 点坐标的表示

当摆臂摆动角度 α_1 时,G_1 点的坐标为

$$[G_1] = [X_{G1} \ Y_{G1} \ Z_{Q1}]^T = [E] + [T_1]([G_1] - [E])$$

式中 $[T_1]$——坐标转换矩阵,它是由下式确定的,即

$$[T_1] = \begin{bmatrix} 2(t_0^2 + t_1^2) - 1 & 2(t_1t_2 - t_0t_3) & 2(t_1t_3 + t_0t_2) \\ 2(t_1t_2 - t_0t_3) & 2(t_0^2 + t_2^2) - 1 & 2(t_2t_3 + t_0t_1) \\ 2(t_1t_3 - t_0t_2) & 2(t_2t_3 + t_0t_1) & 2(t_0^2 + t_3^2) - 1 \end{bmatrix}$$

式中的欧拉参数为:$t_0 = \cos(\alpha_1/2)$, $t_1 = U_x\sin(\alpha_1/2)$, $t_2 = U_Y\sin(\alpha_1/2)$, $t_3 = U_Z\sin(\alpha_1/2)$

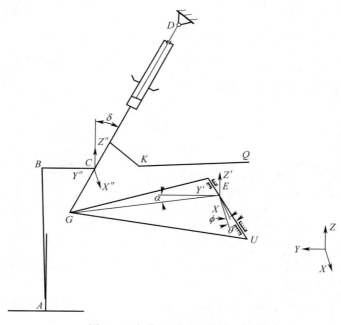

图 2.2　麦弗逊独立悬架结构简图

2）D_G 向量和 C 点坐标

D 点为减振器与车身的连接点，是固定不动的。故向量

$$\mathrm{DG} = (X_D - X_{G1})\mathbf{i} + (Y_D - Y_{G1})\mathbf{j} + (Z_D - Z_{G1})\mathbf{k}$$

其方向余弦为

$$[\mathrm{DG}] = [\mathrm{DG}_X \quad \mathrm{DG}_Y \quad \mathrm{DG}_Z]^T = [X_{DG}/A_{DG} \quad Y_{DG}/A_{DG} \quad Z_{DG}/A_{DG}]^T$$

$$A_{DG} = \sqrt{X_{DG}^2 + Y_{DG}^2 + Z_{DG}^2}$$

其中：$X_{DG} = (X_D - X_{G1})$；$Y_{DG} = (Y_D - Y_{G1})$；$Z_{DG} = (Z_D - Z_{G1})$。

故 C 点的坐标为

$$[C] = [X_C \quad Y_C \quad Z_C]^T = [G_1] + L \cdot [\mathrm{DG}]$$

3）K 点、B 点和 A 点的坐标

在主销轴线与转向节轴线的交点 C 上建立局部坐标系 $X''Y''Z''$，此局部坐标系满足 3 个坐标轴与全局坐标系始终平行的约束条件。当摆臂摆动时，此机构的摆动可以分解为绕 X'' 轴和 Y'' 轴分别转动 β_1 角和 β_2 角的两个分运动的向量和。

图 2.2 中，转向轴与 Y'' 轴重合，A、B、C、D、G 各点也都认为是在 $Y''Z''$ 平面内，初始角度 δ 为已知参数。确定 $X''Y''Z''$ 坐标系中 G 点和 K 点的坐标，即

$$[G''] = [0 \quad L\sin\delta \quad -L\cos\delta]^T, [K''] = [X_K'' \quad Y_K'' \quad Z_K'']^T = [K_0] - [C_0]$$

在经过了绕 X'' 轴和 Y'' 轴的旋转之后，再一次将结果转化回全局坐标系中，得

$$[G_1] = [T_X''][T_Y''][G''] + [C]$$

式中：$[T_{X''}]$ 和 $[T_{Y''}]$ 为坐标转换矩阵，由下式确定，即

$$\boldsymbol{T}_{X''} = \begin{bmatrix} 1 & 0 & 0 \\ 0 & \cos\beta_1 & -\sin\beta_1 \\ 0 & \sin\beta_1 & \cos\beta_1 \end{bmatrix}, \boldsymbol{T}_{Y''} = \begin{bmatrix} \cos\beta_2 & 0 & \sin\beta_2 \\ 0 & 1 & 0 \\ -\sin\beta_2 & 0 & \cos\beta_2 \end{bmatrix}$$

其中，β_1 和 β_2 的数值按以下方法确定，即

$$\beta_2 = \arcsin\left(\frac{\mathrm{DG}_X}{\cos\delta}\right)$$

$$\beta_1 = \arcsin\left(\frac{-L \cdot \mathrm{DG}_Y}{L\sqrt{(\cos\beta_2\cos\delta)^2 + \sin^2\delta}}\right) - \arctan\left(\frac{\tan\delta}{\cos\beta_2}\right)$$

由此确定 K 点、B 点和 A 点的最终的坐标为

$$[K] = [T_{X''}][T_{Y''}][K''] + [C]$$

$$[B] = [X_B \quad Y_B \quad Z_B]^T = [C] + [0 \quad L_1\cos\beta_1 \quad L_1\sin\beta_1]^T$$

$$[A] = [X_A \quad Y_A \quad Z_A]^T = [B] + [0 \quad L_2\sin\beta_1 \quad L_1\cos\beta_1]^T$$

2. 运动等分析示例

根据上述空间机构学的求解步骤，可得到悬架的运动学特性，某麦弗逊悬架的运动学特性示例如图 2.3 所示。

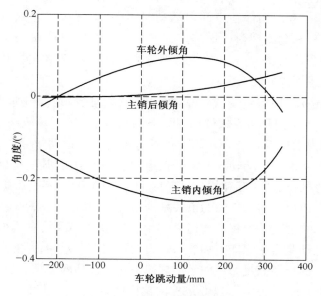

图 2.3　麦弗逊悬架运动特性

2.3　ADAMS 仿真软件的理论基础

在系统动力学仿真领域,基于多体系统动力学理论开发的仿真分析软件种类繁多,其中 ADAMS(Automatic Dynamic Analysis of Mechanical System)软件在汽车行业中得到了广泛的运用,是目前进行动力学仿真的主要软件。ADAMS 采用多刚体力学图形化建模方法,它从物理系统的刚体结构出发,对每一个构件定义形状、质量、受力、约束和连接情况,可以在三维状态下建立模型,这样能够比较真实地反映车辆动力学特性,得到精确的模拟结果。其最大的好处在于不必去关心如何建立车辆的运动方程、如何去解这些方程,而只要努力使建立的模型真实地反映实际车辆的状态就可以了。ADAMS 软件可以根据多体系统动力学原理自动建立动力学方程,并用数值分析的方法求解这个动力学方程,特别适于描述带有结构的动力学问题,如悬架系统、转向系统、各种操纵机构等,更易了解这些机构动力学特性的细节。本节简要介绍 ADAMS 分析软件的特点及理论基础。

2.3.1　ADAMS 分析软件及其特点

1. ADAMS 的分析及计算过程

ADAMS 中采用了两种直角坐标系,即总体坐标系和局部坐标系,它们之间通过关联矩阵相互转换。总体坐标系是固定坐标系,不随任何机构的运动而运动。可用来确定构件的位移、速度、加速度等的参考坐标系。局部坐标系固定在构件上,随构件一起运动。构件在空间内运动时,其运动的线物理量(如线位移、线速度、线加速度等)和角物理量(如角速度、角位移、角加速度)都可由局部坐标系相对于总体坐标系移动、转动时的相应物理量确定,可用相连接的两构件的局部坐标系的坐标来描述构件的约束方程。

结构的自由度(DOF = 6 ×(构件总数 − 1) − 约束总数)是机构所具有的可能独立运动状态的数目,在 ADAMS 软件中,机构的自由度决定了该机构的分析类型:运动学分析或动力学分析。当 DOF = 0 时,可对机构进行运动学分析,仅考虑机构的运动规律,而不考虑产生运动的外力。在运动学分析中,当某些构件的运动状态确定后,其余构件的位移、速度和加速度随时间变化的规律,不是根据牛顿定律来确定的,而是完全由机构内构件的约束关系来确定,是通过唯一的非线性代数方程与速度、加速度的线性代数方程迭代运算解出。当 DOF > 0 时,对机构进行动力学分析,即分析其运动是由于保守力和非保守力的作用而引起的,并要求构件运动不仅满足约束要求,而且要满足给定的运动规律。它又包括静力学分析、准静力学分析和瞬态动力学分析,动力学方程就是机构拉格朗日乘子运动微分方程和约束方程组成的方程组。当 DOF < 0 时,属于超静定问题,ADAMS 无法解决。

ADAMS 的整个计算过程(指从数据的输入到结果的输出,不包括前、后处理功能模块)可以分成以下几个部分:①数据的输入;②数据的检查;③机构的装配及过约束的消除;④运动方程的自动形成;⑤积分迭代运算过程;⑥运算过程中的错误检查和信息输出;⑦结果的输出。

ADAMS 本身具有较完善的前处理和后处理模块,同时它也有广泛的 CAD/CAM 系统接口。

2. ADAMS 软件模块介绍

ADAMS 软件由若干模块组成,分为核心模块、功能扩展模块、专业模块、工具箱和接口模块五大类。其中核心模块的配置是仿真软件包,它包括交互式图形环境 ADAMS/View 和仿真核心求解器 ADAMS/Solver 等[52]。

ADAMS/View(图形用户界面模块)是 ADAMS 系列产品的交互式图形环境,采用简单的分层方式完成建模工作。它提供了丰富的零件几何图形库、约束库和力/力矩库,仿真结果采用强有力的、形象直观的方式描述虚拟样机的动力学性能,并将分析结果进行形象化输出。

ADAMS/Solver(仿真求解器)是位于 ADAMS 产品系列中心脏地位的仿真"发动机"。该软件自动形成机械系统模型的动力学方程,并提供静力学、运动学和动力学的解算结果。ADAMS/Solver 模块有各种建模和求解选项,可以精确、有效地解决各种工程应用问题。

ADAMS/Vibration(振动分析模块)可以在 ADAMS 模型中进行受迫振动分析,并根据分析结果预测振动带来的后果。利用 ADAMS/Vibration 振动分析模块,可以把不同的子系统装配起来,进行线性振动分析;利用 ADAMS 后处理工具可以把结果以图表或动画的形式显示出来[53]。

要进行振动分析,首先通过 ADAMS/View 等模块对模型进行前处理。然后利用 ADAMS/Vibration 振动分析模块建立和进行振动分析,主要包括建立输入通道、输出通道、激振器以及对测试结果进行时频域分析。最后,通过 ADAMS/Post Processor 对结果进行后处理,包括绘制和动画显示受迫振动以及频率响应函数,生成模态坐标列表,显示其他的时间和频率数据。

此外,ADAMS 还包括 Post Processor(专用后处理模块)、Insight(试验设计与分析模块)、Durability(可靠性分析模块)、Hydraulics(液压系统模块)、Linear(系统模态分析模块)等[54]。

2.3.2　ADAMS 仿真软件的理论基础

在利用 ADAMS 软件对汽车悬架系统进行动力学仿真时,悬架系统的建模、分析和求解始终是关键,ADAMS 为汽车悬架系统动力学研究提供了强大的数学分析工具,ADAMS 软件以笛卡儿坐标和欧拉角参数描述物体的空间位形,以采用吉尔(Gear)的刚性积分解决了稀疏矩阵的求解问题,因此,ADAMS 软件的核心为 ADAMS/View 和 ADAMS/Solver。ADAMS/Solver 提供了多种功能成熟的求解器,可以对所建模型进行运动学、静力学、动力学分析。为了对 ADAMS 软件的理论基础和求解方法有全面的了解,本书简要介绍如下[55]。

1. 系统动力学方程的建立

ADAMS 程序用刚体 i 的质心笛卡儿坐标和反映刚体方位的欧拉角(或广义欧拉角)作为广义坐标,即 $\boldsymbol{q}_i = [x, y, z, \psi, \theta, \phi]_i^{\mathrm{T}}$,$\boldsymbol{q} = [q_1, q_2, q_3, \cdots, q_n]^{\mathrm{T}}$。采用拉格朗日乘子法(拉格朗日第一类方程)建立系统动力学方程,即

$$\frac{\mathrm{d}}{\mathrm{d}t}\left(\frac{\partial T}{\partial \dot{\boldsymbol{q}}}\right)^{\mathrm{T}} - \left(\frac{\partial T}{\partial \boldsymbol{q}}\right)^{\mathrm{T}} + \boldsymbol{f}_q^{\mathrm{T}}\boldsymbol{\rho} + \boldsymbol{g}_q^{\mathrm{T}}\boldsymbol{\mu} = \boldsymbol{Q} \tag{2.2}$$

式中　T——系统能量;

　　　$\boldsymbol{q}$——广义坐标列阵;

　　　$\dot{\boldsymbol{q}}$——广义速度列阵;

　　　$\boldsymbol{\rho}$——完整约束拉氏乘子列阵;

　　　$\boldsymbol{\mu}$——非完整约束拉氏乘子列阵;

　　　$\boldsymbol{Q}$——广义力列阵。

完整约束方程时,有

$$f(\boldsymbol{q},t) = 0$$

非完整约束方程时,有

$$g(\boldsymbol{q},\dot{\boldsymbol{q}},t) = 0$$

2. 系统动力学方程的求解

系统动力学方程式(2.2)可化为更一般的形式,即

$$\begin{cases} \boldsymbol{F}(\boldsymbol{q},\boldsymbol{u},\dot{\boldsymbol{u}},\boldsymbol{\lambda},t) = 0 \\ \boldsymbol{G}(\boldsymbol{u},\boldsymbol{q}) = \boldsymbol{u} - \dot{\boldsymbol{q}} \\ \boldsymbol{\phi}(\boldsymbol{q},t) = 0 \end{cases} \qquad (2.3)$$

式中　$\boldsymbol{u}$ ——广义速度列阵;

　　　$\boldsymbol{q}$ ——广义坐标列阵;

　　　$\boldsymbol{G}$ ——描述广义速度的代数方程列阵;

　　　$\boldsymbol{\phi}$ ——为描述约束的代数方程列阵;

　　　$\boldsymbol{\lambda}$ ——约束反力及作用力列阵;

　　　$\boldsymbol{F}$ ——系统动力学微分方程;

ADAMS 软件在进行系统动力学分析时,其仿真程序采用了两种算法其特点分别如下:

① 向后差分法(BDF),提供了 4 种功能强大的变阶、边步长积分求解程序,即 GSTIFF(Gear)积分器、WSTIFF(Wielenga stiff)积分器、DSTIFF(DASSAL)积分器和 SI2-GSTIFF(Stabilized Index-2)积分器,此 4 种积分器都使用了算法 BDF(Back-Difference-Formulae),既使用了隐含的向后差分法求解微分—代数方程,也结合稀疏矩阵算法和雅可比矩阵符号分解算法来求解稀疏耦合的非线性微分—代数方程,这种方法适于仿真特征值变化范围大的刚性系统。

② 柔性数字积分求解程序(ABAM),ABAM 柔性数字积分程序,先采用坐标分隔方法从微分—代数方程获得普通微分方程,然后用显式求解微分方程。这种方法适于仿真特征值经历突变的系统或高频系统。

下面介绍这两种算法。

1) 微分—代数方程的求解算法

用 Gear 预估—校正算法可以有效地求解式(2.3)所示的微分—代数方程。若定义仿真系统的状态向量 $\boldsymbol{y} = [\boldsymbol{q}^{\mathrm{T}},\boldsymbol{u}^{\mathrm{T}},\boldsymbol{\lambda}^{\mathrm{T}}]^{\mathrm{T}}$,则式(2.3)可写成单一矩阵方程,即

$$g(\boldsymbol{y},\dot{\boldsymbol{y}},t) = 0 \qquad (2.4)$$

首先,根据当前时刻的系统状态向量值,用 Taylor 级数预估下一个时刻系统的状态向量值,即

$$y_{n+1} = y_n + \frac{\partial y_n}{\partial t}h + \frac{1}{2!}\frac{\partial^2 y_n}{\partial t^2}h^2 + \frac{1}{3!}\frac{\partial^3 y_n}{\partial t^3} + \cdots \qquad (2.5)$$

其中,时间步长 $h = t_{n+1} - t$,这种预估算法得到的新的时刻的系统状态向量值通常不准确,方程式(2.3)右边项不等于零,可由 Gear 法 $K+1$ 阶积分进行校正,即

$$y_{n+1} = - h\beta_0 \dot{y}_{n+1} + \sum_{i=1}^{K} \alpha_i y_{n-i+1} \tag{2.6}$$

式中　y_{n+1} ——$y(t)$ 在 $t = t_{n+1}$ 时的近似值;

　　　β_0, α_i ——Gear 积分系数值。

式(2.6)也可写成

$$\dot{y}_{n+1} = -\frac{1}{h\beta_0} \Big[y_{n+1} - \sum_{i=1}^{K} \alpha_i y_{n-i+1} \Big] \tag{2.7}$$

则系统动力学方程式(2.3)在 $t = t_{n+1}$ 时刻展开,得

$$\begin{cases} F(q_{n+1}, u_{n+1}, \dot{u}_{n+1}, \lambda_{n+1}, t_{n+1}) = 0 \\ G(u_{n+1}, \dot{q}_{n+1}) = u_{n+1} - \dot{q}_{n+1} = u_{n+1} - \Big(\frac{1}{h\beta_0}\Big) \Big(q_{n+1} - \sum_{I=1}^{K} \alpha_i q_{n-i+1}\Big) \\ \phi(q_{n+1}, t_{n+1}) = 0 \end{cases} \tag{2.8}$$

若预估算法得到的新的时刻的系统状态向量值满足方程式(2.3),则可不必进行校正。

ADAMS 使用修正的 Newton-Raphson 程序求解上面的非线性方程,此程序求解非线性方程组 $\phi(X) = 0$ 时,其中共有 n 个方程,即 $\phi = (\phi_1, \phi_2, \cdots, \phi_n)^{\mathrm{T}}$ 变量 X 阵为 n 阶列阵。Newton-Raphson 算法的关键是如何选取适当的初值,如果矩阵为非奇异,则解是唯一的。Newton-Raphson 算法求解上述非线性方程,其迭代校正公式为

$$\begin{cases} F_j + \dfrac{\partial F}{\partial q}\Delta q_j + \dfrac{\partial F}{\partial u}\Delta u_j + \dfrac{\partial F}{\partial \dot{u}}\Delta \dot{u}_j + \dfrac{\partial F}{\partial \lambda}\Delta \lambda_j = 0 \\ G_j + \dfrac{\partial G}{\partial q}\Delta q_j + \dfrac{\partial G}{\partial u}\Delta u_j = 0 \\ \phi_j + \dfrac{\partial \phi}{\partial q}\Delta q_j = 0 \end{cases} \tag{2.9}$$

式中　j ——第 j 次迭代;

$$\Delta q_j = q_{j+1} - q_j;$$
$$\Delta u_j = u_{j+1} - u_j;$$
$$\Delta \lambda_j = \lambda_{j+1} - \lambda_j。$$

由式(2.7)可知

$$\Delta \dot{u}_j = -\Big(\frac{1}{h\beta_0}\Big) \Delta u_j \tag{2.10}$$

由式(2.8)可知

$$\frac{\partial G}{\partial q} = \left(\frac{1}{h\beta_0}\right)I \; , \; \frac{\partial G}{\partial u} = I \tag{2.11}$$

则将式(2.10)、式(2.11)代入式(2.9),写成矩阵形式为

$$
\begin{bmatrix}
\dfrac{\partial F}{\partial q} & \left(\dfrac{\partial F}{\partial u} - \dfrac{1}{h\beta_0}\dfrac{\partial F}{\partial \dot{u}}\right) & \left(\dfrac{\partial \phi}{\partial q}\right)^{\mathrm{T}} \\[3mm]
\left(\dfrac{1}{h\beta_0}\right)I & I & 0 \\[3mm]
\dfrac{\partial \phi}{\partial q} & 0 & 0
\end{bmatrix}
\begin{Bmatrix} \Delta q \\[2mm] \Delta u \\[2mm] \Delta \lambda \end{Bmatrix}_j
=
\begin{Bmatrix} -F \\[2mm] -G \\[2mm] -\phi \end{Bmatrix}_j
\tag{2.12}
$$

式中　$\dfrac{\partial F}{\partial q}$——系统的刚度矩阵;

　　　$\dfrac{\partial F}{\partial u}$——系统的阻尼矩阵;

　　　$\dfrac{\partial F}{\partial \dot{u}}$——系统的质量矩阵;

左边的系数矩阵为系统的 Jacobi 矩阵。

通过雅可比矩阵符号分解算法分解系统 Jacoci 矩阵求解,Δq_j、Δu_j、$\Delta \lambda_j$;计算出 q_{j+1} u_{j+1}、λ_{j+1}、$\dot{q}_{j+1}$、$\dot{u}_{j+1}$、$\dot{\lambda}_{j+1}$;重复上述迭代校正步骤,直到满足收敛条件,最后是积分误差控制步骤,若预估值与校正值的差值小于规定的积分误差限,接受该解,继续进行 $t = t + h$ 下一时刻的求解;否则不接受该解,必须减小积分步长,重新进行预估—校正过程。

因此,上述微分—代数方程的求解算法是重复预估、校正、误差控制过程,直到求解时间达到规定的仿真时间为止。

2) 坐标减缩的微分—代数方程的求解算法

ADAMS 程序提供 ABAM(Adams – Bashforth and Adams–Moulton)积分程序,采用坐标分隔算法,将微分—代数方程减缩成用独立广义坐标的普通微分方程,然后用 ABAM 程序进行数值积分。

坐标减缩微分方程的确定及其数值积分过程按以下步骤进行:

(1) 坐标分隔。将系统的约束方程进行矩阵的满秩分解,可将系统的广义坐标列阵 $\{q\}$ 分解为独立坐标列阵 $\{q^i\}$ 和非独立坐标列阵 $\{q^d\}$,即 $\{q\} = \begin{Bmatrix} q^i \\ q^d \end{Bmatrix}$。

(2) 预估。用 Adams–Bashforth 显式公式,根据独立坐标前几个时间步长的值,预估 t_{n+1} 时刻的独立坐标值 $\{q^i\}^p$,p 表示预估值。

(3) 校正。用 Adams–Moulton 隐式公式对于上面的预估值,根据给定的收敛

误差限进行校正得到独立坐标的校正值 $\{q^i\}^c$ ，c 表示校正值。

（4）确定相关坐标。确定独立坐标的校正值后，可由相应公式计算出独立坐标和其他系统状态变量值。

（5）积分误差控制。与刚性数字积分预估—校正算法的积分误差控制过程相同，若预估值与校正值的差值小于规定的积分误差限，接受该解，继续进行 $t = t + h$ 下一时刻的求解；否则不接受该解，必须减小积分步长，重新进行上面第（2）步开始的预估步骤。

3）系统静力学和运动学及初始条件分析

若系统进行静力学分析时，相应于系统动力学方程的求解分析过程，分别设速度、加速度为零，由式（2.12）得到以下的系统静力学方程，即

$$\begin{bmatrix} \dfrac{\partial F}{\partial q} & \left(\dfrac{\partial \phi}{\partial q}\right)^{\mathrm T} \\ \dfrac{\partial \phi}{\partial q} & 0 \end{bmatrix} \begin{Bmatrix} \Delta q \\ \Delta \lambda \end{Bmatrix}_j = \begin{Bmatrix} -F \\ -\phi \end{Bmatrix}_j \tag{2.13}$$

若系统进行运动学分析时，则研究的是零自由度系统位置、速度、加速度和约束反力，因此只需要求解系统约束方程，即

$$\phi(q, t_n) = 0 \tag{2.14}$$

已知 q_0，则任一时刻 t_n 位置的确定可由约束方程的 Newton-Raphson 算法迭代求解，即

$$\left.\frac{\partial \phi}{\partial q}\right|_j \Delta q_j = -\phi(q_j, t_n) \tag{2.15}$$

式中 $\Delta q_j = q_{j+1} - q_j$；

j——第 j 次迭代。

t_n 时刻速度、加速度的确定，可由约束方程求一阶、二阶时间导数得到，即

$$\left(\frac{\partial \phi}{\partial q}\right)\dot q = -\frac{\partial \phi}{\partial t} \tag{2.16}$$

$$\left(\frac{\partial \phi}{\partial q}\right)\ddot q = -\left\{\frac{\partial^2 \phi}{\partial t^2} + \sum_{k=1}^n \sum_{l=1}^n \frac{\partial^2 \phi}{\partial q_k \partial q_l}\dot q_k \dot q_l + \frac{\partial}{\partial q}\left(\frac{\partial \phi}{\partial q}\right)\dot q + \frac{\partial}{\partial q}\left(\frac{\partial \phi}{\partial t}\right)\dot q\right\} \tag{2.17}$$

t_n 时刻约束反力的确定，可由带乘子拉格朗日第一类方程求解得到，即

$$\left(\frac{\partial \phi}{\partial q}\right)^{\mathrm T}\lambda = \left\{-\frac{\mathrm d}{\mathrm d t}\left(\frac{\partial T}{\partial \dot q}\right)^{\mathrm T} + \left(\frac{\partial T}{\partial q}\right)^{\mathrm T} + Q\right\} \tag{2.18}$$

ADAMS 程序在进行动力学、静力学分析之前，自动进行初始条件分析，其目的是在初始系统模型中各物体的坐标与各种运动学约束之间达成协调，为此可保证系统满足所有的约束条件。初始条件分析是通过求解系统模型中各物体相应的位置、速度、加速度目标函数的最小值得到。

（1）对初始位置分析，定义相应的位置目标函数为

$$L_0 = \frac{1}{2} \sum_{i=1}^{n} W_i (q_i - q_{0i})^2 + \sum_{j=1}^{m} \lambda_j^0 \phi_j \qquad (2.19)$$

式中　n ——系统总的广义坐标数；

$\quad\quad m$ ——系统约束方程数；

$\quad\quad \phi_j$ ——系统约束方程；

$\quad\quad \lambda_j^0$ ——系统约束方程对应的拉格朗日乘子；

$\quad\quad q_{0i}$ ——用户设定的准确的或近似的初始坐标值或程序设定的默认坐标值；

$\quad\quad W_i$ ——对应 q_{0i} 的加权系数。

若用户指定的 q_{0i} 是准确坐标值，W_i 取大值；若用户指定的 q_{0i} 是近似坐标值；W_i 取小值；若程序设定的 q_{0i} 坐标值，W_i 取零值。

当 L_0 取最小值时，由 $\dfrac{\partial L_0}{\partial q_i} = 0$，$\dfrac{\partial L_0}{\partial \lambda_j^0} = 0$ 得

$$W_i(q_i - q_{0i}) + \sum_{j}^{m} \lambda_j^0 \frac{\partial \phi_j}{\partial q_i} = 0 \quad i = 1,2,\cdots,n$$

$$\phi_i = 0 \quad j = 1,2,\cdots,m \qquad (2.20)$$

对应的函数形式

$$f_i(q_k, \lambda_l^0) = 0 \quad k = 1,2,\cdots,n, l = 1,2,\cdots,m$$

$$g_j(q_k) = 0 \qquad (2.21)$$

其 Newton – Raphson 算法迭代公式为

$$\begin{bmatrix} \left(W_i + \displaystyle\sum_{k=1}^{n}\sum_{j=1}^{m} \lambda_j^0 \frac{\partial^2 \phi_j}{\partial q_k \partial q_i}\right) & \displaystyle\sum_{j}^{m} \frac{\partial \phi_j}{\partial q_i} \\ \displaystyle\sum_{k=1}^{n} \frac{\partial \varphi_j}{\partial q_k} & 0 \end{bmatrix} \begin{Bmatrix} \Delta q_k \\ \Delta \lambda_l^0 \end{Bmatrix}_p = \begin{Bmatrix} - W_i(q_{ip} - q_{0i}) - \displaystyle\sum_{j=1}^{m} \lambda_{jp}^0 \frac{\partial \phi_j}{\partial q_i}\Big|_p \\ - \phi_j(q_{kp}) \end{Bmatrix}$$

$$(2.22)$$

式中　$\Delta q_{k,p} = q_{k,p+1} - q_{k,p}$；$\Delta \lambda_{l,p}^0 = \lambda_{l,p+1}^0 - \lambda_{l,p}^0$，下标 p 表示第 p 次迭代。

（2）对初始速度分析，定义相应的速度目标函数 L_1 为

$$L_1 = \frac{1}{2} \sum_{i=1}^{n} W_i'(\dot{q}_i - \dot{q}_{0i}) + \sum_{j=1}^{m} \lambda_j' \frac{d\phi_j}{dt} \qquad (2.23)$$

式中　$\dot{q}_{0i}$ ——用户设定的准确的或近似的初始速度值或程序设定的默认值；

$\quad\quad W_i'$ ——对应 $\dot{q}_{0i}$ 的加权系数；

$\quad\quad \dfrac{d\phi_j}{dt}$ ——速度约束方程，$\dfrac{d\phi_j}{dt} = \displaystyle\sum_{k=1}^{n} \frac{\partial \phi_j}{\partial q_k}\dot{q}_k + \frac{\partial \phi_j}{\partial t} = 0$

λ'_j ——对应速度约束方程的拉格朗日乘子。

当 L_1 取最小值时，由 $\dfrac{\partial L_1}{\partial \dot{q}_i} = 0$，$\dfrac{\partial L_1}{\partial \lambda'_j} = 0$ 得

$$\frac{\partial L_1}{\partial \dot{q}_i} = W'_i(\dot{q}_i - \dot{q}_{0i}) + \sum_{j=1}^{m} \lambda'_j \left(\frac{\partial \phi_j}{\partial q_i} \right) = 0 \quad i = 1,2,\cdots,n$$

$$\frac{\partial L_1}{\partial \lambda'_i} = \sum_{k=1}^{n} \left(\frac{\partial \phi_j}{\partial q_k} \right) \dot{q} + \frac{\partial \phi_i}{\partial t} = 0 \quad j = 1,2,\cdots,m$$

用矩阵形式表示为

$$\begin{bmatrix} W'_k & \sum\limits_{j=1}^{m} \dfrac{\partial \phi_j}{\partial q_k} \\ \sum\limits_{k=1}^{n} \left(\dfrac{\partial \phi_j}{\partial q_k} \right) & 0 \end{bmatrix} \left\{ \begin{matrix} \dot{q}_k \\ \lambda'_j \end{matrix} \right\} = \left\{ \begin{matrix} W'_k \dot{q}_{0k} \\ -\dfrac{\partial \phi_j}{\partial t} \end{matrix} \right\} \quad k = 1,2,\cdots,n; \quad j = 1,2,\cdots,m$$

$$(2.24)$$

式(2.24)是关于 $\dot{q}_k$，λ'_j 的线性方程，系数矩阵只与位置有关，且非零项已经分解，见式(2.22)，可以直接求解 $\dot{q}_k$、λ'_j。

（3）对初始加速度、初始拉格朗日乘子的分析，可直接由系统动力学方程和系统约束方程的两阶导数确定。

将矩阵形式的系统动力学方程式(2.2)写成分量形式，即

$$\sum_{k=1}^{n} (m_{ik}(q_k)) \ddot{q}_k + \sum_{j=1}^{m} \lambda_j \frac{\partial \phi_j}{\partial q_i} = Q(q_k, \dot{q}_k, t) \quad i = 1,2,\cdots,n$$

$$\frac{\mathrm{d}^2 \phi_i}{\mathrm{d}t^2} = \sum_{i=1}^{n} \left(\frac{\partial \phi_j}{\partial q_i} \right) \ddot{q}_i - h_j(q_k, \dot{q}_k, t) = 0 \quad j = 1,2,\cdots,m$$

$$h = -\left\{ \frac{\partial^2 \phi_j}{\partial t^2} + \sum_{i=1}^{n} \frac{\partial}{\partial t} \left(\frac{\partial \phi_j}{\partial q_i} \right) \dot{q} + \sum_{i=1}^{n} \frac{\partial}{\partial q_i} \left(\frac{\partial \phi_j}{\partial t} \right) \dot{q}_i + \sum_{i=1}^{n} \sum_{k=1}^{n} \left(\frac{\partial^2 \phi_j}{\partial q_k \partial q_i} \right) \dot{q}_k \dot{q}_i \right\}$$

$$(2.25)$$

写成矩阵形式为

$$\begin{bmatrix} \sum\limits_{k=1}^{n} m_{ik}(q_k) & \sum\limits_{j=1}^{m} \dfrac{\partial \phi_j}{\partial q_i} \\ \sum\limits_{k=1}^{n} \dfrac{\partial \phi_j}{\partial q_k} & 0 \end{bmatrix} \left\{ \begin{matrix} \ddot{q}_k \\ \lambda_j \end{matrix} \right\} = \left\{ \begin{matrix} Q_i \\ h_j \end{matrix} \right\} \quad i = 1,2,\cdots,n; j = 1,2,\cdots,m \quad (2.26)$$

式(2.26)的非零项已经分解，见式(2.22)、式(2.25)，可以求解 $\ddot{q}_k$ 和 λ_j。

第3章
橡胶弹性元件性能的理论计算与预测

悬架系统承受车体重量,防止车轮上下振动传给车身,抑制簧下的不规则运动,传递动力、制动力和操纵时的侧向力等,从而保证汽车能够正常行驶。

汽车用橡胶元件主要用于减缓汽车行驶时振动和降低噪声,改善汽车操纵稳定性、安全性和舒适性。因此,要求材料具有优良的力学性能和疲劳性能。在产品开发前期,如能对橡胶元件的力学性能和蠕变、疲劳性能进行适当的计算与预测,将有助于了解作用在悬架系统零部件上的动力学载荷和整车性能的变化。

橡胶衬套是汽车或其他车辆悬架系统中使用的一种结构元件。衬套实质上是一个空心圆柱体,包括内金属杆、外圆柱金属套筒和它们之间的合成橡胶。金属套筒和杆件与车辆的悬架系统的部件相连用来传递从车轮通过合成橡胶材料到底盘的力。橡胶衬套用来减少连接处的振动和冲击。因为它们连接在车辆悬架系统中的不同部件上,套筒和杆件承受平行和垂直于它们共同轴线的相对位移和转动。就是这种相对位移使橡胶弹性衬套受力并允许通过衬套传递力。

3.1 基于弹性理论的橡胶衬套刚度计算

为了精确分析车辆悬架系统的动力学特性,必须对橡胶元件的力学性能进行准确的力学分析。在其所有力学性能中,表征力—位移关系的刚度特性是车辆悬架设计关注的基础指标。静刚度是指静态力学特性,即在缓慢加载的情况下得到的载荷—变形曲线,通常用 $K = \dfrac{\partial F}{\partial X}$。目前,国内外悬架橡胶元件静刚度计算研究的主要对象为圆柱形橡胶衬套。

圆柱形橡胶衬套的结构示意如图 3.1 所示,尽管橡胶衬套的形状一般不太复杂,但由于它们不是纯弹性体,而是属于黏弹性材料,橡胶的应力—应变是非线性的。研究表明,在小变形时,可以将橡胶的应力—应变曲线关系假设为是线性的。文献[56]介绍了橡胶衬套在径向、轴向、扭转载荷下,工程中常用的近似刚度估算公式。在有限的小变形范围内,理论计算值与试验值吻合较好。下面给出更为精确的基于弹性理论的橡胶衬套的刚度近似计算公式[57]。由于圆锥变形特性的研究远比其他方向的力学特性更为困难。文献 58 通过选择合适的衬套模型来对衬套的圆锥变形特性进行理论研究。

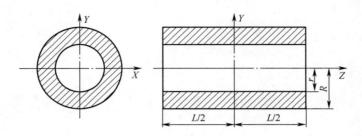

图 3.1　橡胶衬套结构示意

3.1.1　径向刚度理论公式

橡胶衬套固定在金属内套筒,在金属外套筒上施加一个径向(X 或 Y 轴方向)的载荷 W,使得外套筒产生一个位移 d。在理论上,常常用无量纲的径向刚度系数 β 来表征衬套的抗径向变形的能力。

径向刚度系数可以定义为

$$\beta = \frac{W}{GdL} \tag{3.1}$$

式中　G——橡胶的剪切模量。

因此,径向刚度为

$$K_r = \frac{W}{d} = \beta GL \tag{3.2}$$

径向刚度系数近似计算公式为

$$\beta_{\mathrm{appr}} = \frac{\pi}{\dfrac{1}{4}\left[\ln\left(\dfrac{R}{r}\right) - \dfrac{R^2 - r^2}{R^2 + r^2}\right] + \dfrac{1}{10}\dfrac{1}{c_1\left(\dfrac{L}{r}\right)^2 + c_2}} \tag{3.3}$$

其中:

$$c_1 = -\frac{1}{60 d_1}$$

$$c_2 = \frac{d_2}{d_1^2}$$

$$d_1 = \frac{R^2 \ln^2\left(\dfrac{R}{r}\right)}{2(R^2 - r^2)} + \frac{R^2 \ln\left(\dfrac{R}{r}\right)}{4(R^2 + r^2)} - \frac{3(R^2 - r^2)}{16r^2}$$

$$d_2 = \frac{R^4 \ln^3\left(\frac{R}{r}\right)}{4\,(R^2-r^2)^2} + \frac{R^4 \ln^2\left(\frac{R}{r}\right)}{8\,(R^4-r^4)} - \frac{11R^2\ln\left(\frac{R}{r}\right)}{96r^2} + \frac{(R^2-r^2)(7R^4-2r^2R^2+7r^4)}{576r^4(R^2+r^2)}$$

3.1.2　轴向刚度理论公式

当橡胶衬套受到轴向(Z 轴方向)载荷时,用弹性理论可以推导出轴向刚度理论公式,即

$$K_\delta = \frac{-2\pi LG\left(1-\ln\frac{R}{r}\right)^2}{\left[\frac{3}{r}-2\left(\frac{1}{r}-\frac{1}{R}\right)\ln\frac{R}{r}-\left(1+\ln\frac{R}{r}+\ln^2\frac{R}{r}\right)\frac{2}{R}-\frac{1}{R}\left(1+\ln^2\frac{R}{r}\right)\right]}$$

$$\tag{3.4}$$

式中　K_δ——轴向刚度。

3.1.3　扭转刚度理论公式

$$K_t = 4\pi LG\left(\frac{1}{r^2}-\frac{1}{R^2}\right)^{-1} \tag{3.5}$$

式中　K_t——扭转刚度。

那么在何种小变形下可以认为应力—应变的关系是线性的呢? 工程上并没有一致的认识,文献[59]给出的量化指标为:受到少于 25% 的拉伸或压缩,或者少于 75% 的剪切变形。

3.2　带减弱孔衬套刚度的公式计算

如前文所述,基于弹性力学的理论公式,在推导时都运用了一个假设——连续性假设,即认为物体是由无空隙的占有整个特定空间域的介质组成。由于减弱孔不符合这一假设,因此理论公式对开有减弱孔的衬套都已失效,然而在工程实际中,无论是分析衬套各个方向的刚度还是设计不同方向具有所需刚度的衬套,都需要有相应的且精度较高的公式作为指导。因此,研究带有减弱孔的衬套,在有限元分析的基础上,并得出具有实用价值的经验公式,对于工程设计具有一定的指导意义。在衬套上开减弱孔的方法有很多种,有开一对减弱孔的,也有开两大减弱孔的,但一般是在需减弱刚度的方向上开一对减弱孔。图 3.2 所示为带有一对减弱孔橡胶衬套三维模型,其尺寸示意如图 3.3 所示。

在表 3.1 中,计算了减弱孔从 30°变化到 100°时两个方向上的径向刚度值。为了方便比较,表中还计算了没有减弱孔时衬套的径向刚度[32]。

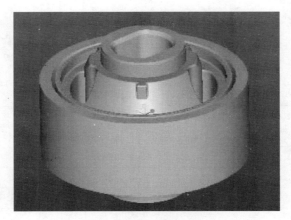

图 3.2　带有减弱孔的橡胶衬套三维模型

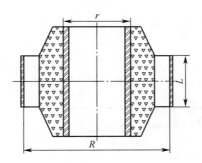

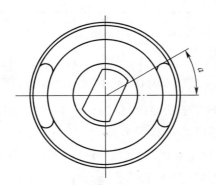

图 3.3　带减弱孔的橡胶衬套尺寸示意

表 3.1　带有减弱孔的径向刚度

减弱孔角度 /(°)	弧度	垂直减弱孔		正对减弱孔	
		刚度值/(N/mm)	刚度减弱/%	刚度值/(N/mm)	刚度减弱/%
0	0	199.001	0	199.001	0
30	0.52360	195.739	0.016392	127.461	0.359496

（续）

减弱孔角度 /(°)	弧度	垂直减弱孔		正对减弱孔	
		刚度值/(N/mm)	刚度减弱/%	刚度值/(N/mm)	刚度减弱/%
40	0.69813	193.019	0.03006	108.674	0.453902
50	0.87266	188.711	0.051708	92.192	0.536726
60	1.04720	182.548	0.082678	77.9079	0.608505
70	1.22173	174.51	0.12307	65.017	0.673283
80	1.39626	164.414	0.173803	54.0156	0.728566
90	1.57080	152.482	0.233763	44.633	0.775715
100	1.74533	125.025	0.371737	36.744	0.815358

3.2.1 垂直减弱孔方向

从图 3.4 可见,当衬套开有减弱孔后,垂直减弱孔方向的径向刚度随减弱孔的角度大小变化缓慢。

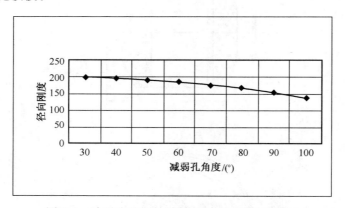

图 3.4 减弱孔对径向刚度(垂直减弱孔)的影响

拟合径向刚度减少量关于角度(单位为度)的多项式函数,得到垂直减弱孔方向(假设为 x 方向)的径向刚度的经验公式[32]为

$$F'_x = F'_{x0}[1 - (2.017654^3 + 4311.188 x^2 - 179855.2x$$
$$+ 3125720) \times 10^{-8}] \quad x \in [30,100] \qquad (3.6)$$

式中　F'_{x0} ——没有减弱孔时衬套径向刚度。

3.2.2 正对减弱孔方向

从图 3.5 可见,当衬套开有减弱孔后,正对减弱孔方向的径向刚度随减弱孔角度的增大剧烈减小。

同样,拟合径向刚度减少量关于角度(单位为度)的多项式函数,得到正对减

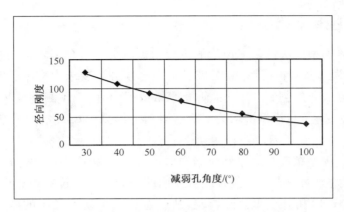

图 3.5　减弱孔对径向刚度(正对减弱孔)的影响

弱孔方向(假设为 z 方向)的径向刚度的经验公式[32]为

$$F'_z = F'_{z0}\big[1-(\ 1.13020x^3-667.548x^2+136177x+82694.3)\times10^{-7}\big] \quad x\in[30,100]$$

$$(3.7)$$

式中　F'_{z0}——没有减弱孔时衬套径向刚度

　　显然, $F'_{x0} = F'_{z0}$。

3.3　橡胶元件蠕变性能的灰色拓扑预测

　　橡胶元件的蠕变性能是指,橡胶材料在保持应力不变的条件下,应变随时间延长而增加的现象。蠕变性能是橡胶元件的重要性能,蠕变性能的优劣直接影响汽车整车性能。如悬架橡胶衬套的蠕变影响车辆的定位参数变化和整车操纵动力学,车身连接衬套的蠕变则影响整车姿态等。因此,在设计阶段准确地预测橡胶元件蠕变特性,并使其控制在可行的范围是产品设计的主要目标。由于橡胶元件蠕变问题的复杂性,目前对它们的研究没有一套完整、严格的理论,蠕变数据往往通过试验实测才能获得。蠕变试验需要耗费很长的时间才能得到结果,而这些结果往往难以满足产品开发分析的需要。

　　灰色系统理论以部分信息已知、部分信息未知的小样本、贫信息、不确定性的系统为研究对象,主要通过对部分已知信息的生成、开发,提取有价值的信息,实现对系统运行行为、演化规律的正确描述和有效监控[60]。灰色系统理论在农业、气象、机械工程等领域得到广泛应用[60,61]。近年来,灰色理论在汽车工程领域亦得到逐步应用[62-64]。文献[64]运用灰色理论预测汽车齿轮的疲劳寿命,文献[65]运用灰色系统理论研究金属钢的蠕变寿命。本文研究灰色系统理论的基础上,尝试运用灰色拓扑预测方法建立橡胶元件的蠕变特性模型,对下一时间段的橡胶元件蠕变数据进行预测。

3.3.1 灰色拓扑预测方法

灰色预测模型是灰色系统理论的重要组成部分。灰色 GM 预测模型,一般是指 GM(1,1)模型及其扩展形式,突破了一般建模方法要求大样本数据的局限,是建模思路和方法上的创新[66]。本研究原始数据中,由于预测蠕变量与时间间隔对应,都是单变量,且模型群均为一阶模型,因此,采用GM(1,1)模型建立预测模型群。

GM(1,1)模型精度与对原始数据的取舍有关。为了提高 GM(1,1)模型的精度,可以把原始数据分成几个包含原点在内的子数列。对这些子数列建立的模型群,称为 GM(1,1)拓扑模型。经检验,从中选出一个误差最小的模型进行预测。该方法称为灰色拓扑预测[67]。

一般灰色预测的主要步骤如下[66,67]:

(1)给定原始时间数据序列,即

$$X^{(0)}(t) = \{x^{(0)}(1), x^{(0)}(2), \cdots, x^{(0)}(n)\}$$

(2)对 $X^{(0)}(t)$ 作一次累加,记 $X^{(1)}(k)$ 为 $x^{(0)}$ 在 k 时的一次累加生成,则有以下公式,即

$$x^{(1)}(k) = \sum_{t=1}^{k} x^{(0)}(t) \tag{3.8}$$

(3)构造数据矩阵 $\boldsymbol{B}$ 、$\boldsymbol{y}_n$,并建立微分方程,即

$$\boldsymbol{B} = \begin{bmatrix} -\dfrac{1}{2}(x^{(1)}(1)+x^{(1)}(2)) & 1 \\ -\dfrac{1}{2}(x^{(1)}(2)+x^{(1)}(3)) & 1 \\ \vdots & \vdots \\ -\dfrac{1}{2}(x^{(1)}(n-1)+x^{(1)}(n)) & 1 \end{bmatrix} \tag{3.9}$$

$$\boldsymbol{y}_n = [x^{(0)}(2), x^{(0)}(3), \cdots, x^{(0)}(n)]^{\mathrm{T}} \tag{3.10}$$

则 $x^{(1)}(k)$ 的 GM(1,1)模型白化形式的微分方程为

$$\frac{\mathrm{d}x^{(1)}}{\mathrm{d}t} + ax^{(1)} = u \tag{3.11}$$

式中 a, u ——待定参数。

(4)求解 $X^{(1)}$ 模拟值。

记参数向量 $\boldsymbol{\alpha}$,则

$$\boldsymbol{\alpha} = [a \quad u]^{\mathrm{T}} = (\boldsymbol{B}^{\mathrm{T}}\boldsymbol{B})^{-1}\boldsymbol{B}^{\mathrm{T}}\boldsymbol{y}_n \tag{3.12}$$

则式(3.11)的时间响应函数为

$$\hat{x}^{(1)}(k+1) = \left(x^{(0)}(1) - \frac{u}{a}\right)e^{-ak} + \frac{u}{a} \quad k = 1,2,\cdots,n \qquad (3.13)$$

（5）还原求出 $X^{(0)}$ 的模拟值，即

$$\hat{x}^{(0)}(k+1) = \hat{x}^{(1)}(k+1) - \hat{x}^{(1)}(k) \quad k = 1,2,\cdots,n \qquad (3.14)$$

（6）模型精度的检验。

一般有残差检验、关联度检验、后验差检验，其中残差检验是逐点检验[68]，计算公式为

$$q^{(0)}(t) = x^{(0)}(t) - \hat{x}^{(0)}(t) \qquad (3.15)$$

$$e(t) = \frac{|q^{(0)}(t)|}{x^{(0)}(t)} \qquad (3.16)$$

式中　$q^{(0)}(t)$——残差；

　　　$e(t)$——相对误差。

3.3.2　应用算例

选取某汽车橡胶元件试样进行蠕变试验。试验时，给予橡胶试样以恒定载荷 F，测量一定时间间隔后的变形 S 的变化量 ΔS 值，试验示意如图 3.6 所示，试验数据如表 3.2 所示。

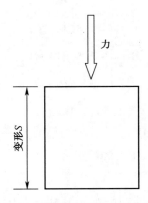

图 3.6　橡胶元件蠕变试验示意图

表 3.2　橡胶试样蠕变试验值

序号	1	2	3	4	5	6
试验时间/min	15	30	45	60	75	90
蠕变量 ΔS/mm	2.87	3.20	3.35	3.40	3.47	3.51

选取 1～5 号数据为原始数据，6 号数据为预测验证数据。根据灰色拓扑建模理论，选取多重时区数列建模。分别选取 1～4、1～5、2～4 号蠕变量数据，对上述 3 列数据进行初值化处理[62]，即以每列各数据除去首数据，得各列数据如下：

$$x_1^{(0)} = \{1, 1.1149, 1.1672, 1.1846\}$$

$$x_2^{(0)} = \{1, 1.1149, 1.1672, 1.1846, 1.2090\}$$

$$x_3^{(0)} = \{1, 1.0468, 1.0625, 1.0843\}$$

按式(3.8)进行累加处理,得

$$x_1^{(1)} = \{1, 2.1149, 3.2822, 4.4668\}$$

$$x_2^{(1)} = \{1, 2.1149, 3.2822, 4.4668, 5.6759\}$$

$$x_3^{(1)} = \{1, 2.0468, 3.1093, 4.1937\}$$

按式(3.9)、式(3.10)计算,分别得数据矩阵为

$$\boldsymbol{B}_1 = \begin{bmatrix} -1.55749 & 1 \\ -2.69861 & 1 \\ -3.87456 & 1 \end{bmatrix}$$

$$\boldsymbol{B}_2 = \begin{bmatrix} -1.55749 & 1 \\ -2.69861 & 1 \\ -3.87456 & 1 \\ -5.07143 & 1 \end{bmatrix}$$

$$\boldsymbol{B}_3 = \begin{bmatrix} -1.52344 & 1 \\ -2.57813 & 1 \\ -3.65156 & 1 \end{bmatrix}$$

$$\boldsymbol{y}_{n1} = [1.1150, 1.1672, 1.1847]^{\mathrm{T}}$$

$$\boldsymbol{y}_{n2} = [1.1150, 1.1672, 1.1847, 1.2091]^{\mathrm{T}}$$

$$\boldsymbol{y}_{n3} = [1.0469, 1.0625, 1.0844]^{\mathrm{T}}$$

由式(3.12)计算得

$$\boldsymbol{\alpha}_1 = [a_1 \quad u_1]^{\mathrm{T}} = [-0.03 \quad 1.074317]^{\mathrm{T}}$$

$$\boldsymbol{\alpha}_2 = [a_2 \quad u_2]^{\mathrm{T}} = [-0.02552 \quad 1.084766]^{\mathrm{T}}$$

$$\boldsymbol{\alpha}_3 = [a_3 \quad u_3]^{\mathrm{T}} = [-0.01763 \quad 1.019039]^{\mathrm{T}}$$

由式(3.13)得模型群的时间响应方程为

$$\hat{\boldsymbol{x}}_1^{(1)}(k+1) = 36.80611\mathrm{e}^{0.03k} - 35.8061 \tag{3.17}$$

$$\hat{\boldsymbol{x}}_2^{(1)}(k+1) = 43.50402\mathrm{e}^{0.02552k} - 42.504 \tag{3.18}$$

$$\hat{\boldsymbol{x}}_3^{(1)}(k+1) = 58.80344\mathrm{e}^{0.01763k} - 57.8034 \tag{3.19}$$

由式(3.14)进行数据还原,并根据式(3.15)和式(3.16)进行误差检验,形成结果如表3.3至表3.5所示。

表 3.3　模型 1 模拟结果及误差检验表

原始数据序号	模拟数据	实际数据	残差 $q^{(0)}(t)$	相对误差/%	平均相对误差/%
2	1.1209	1.1149	-0.00594	0.53	
3	1.1550	1.1672	0.012198	1.04	0.68
4	1.1902	1.1846	-0.00556	0.46	

表 3.4　模型 2 模拟结果及误差检验表

原始数据序号	模拟数据	实际数据	残差 $q^{(0)}(t)$	相对误差/%	平均相对误差/%
2	1.1245	1.1149	-0.00955	0.85	
3	1.1535	1.1672	0.01367	1.17	0.63
4	1.1833	1.1846	0.001274	0.10	
5	1.2139	1.2090	-0.00492	0.40	

表 3.5　模型 3 模拟结果及误差检验表

原始数据序号	模拟数据	实际数据	残差 $q^{(0)}(t)$	相对误差/%	平均相对误差/%
3	1.0459	1.0468	0.000938	0.089	
4	1.0644	1.0625	-0.002	0.188	0.12
5	1.0834	1.0843	0.000942	0.086	

由上述计算可知,模型 1 没有包含最新信息,模型 2 包含全部新旧信息,模型 3 既包含了新信息,又去掉了第一个旧信息。由表 3.3 至表 3.5 比较,模型 3 具有较高的精度,平均相对误差仅 0.12%。选取模型 3 作下一步的预测分析。

取 $k = 6$ 时,由式(3.19)得 $\hat{x}^{(1)} = 5.2965$;由式(3.14)还原得 $\hat{x}^{(0)} = 3.5286$,对照表 3.2 所示数据,根据式(3.15)及式(3.16),计算其相对误差为 0.53%,模拟值与试验值吻合较好,模拟精度较高。综上理论分析及验证结果表明,模型 3 可以作为橡胶元件蠕变性能的预测模型。

3.3.3　结论

橡胶元件的蠕变特性对于汽车性能的影响是不言而喻的,如能够对橡胶元件的蠕变数据进行预测,将对汽车产品开发提供有益的帮助。运用灰色理论来处理有限的蠕变试验数据,并建立灰色 GM(1,1)模型预测后一时间段的蠕变值。分析结果表明,预测值与实际试验值很接近,精度较高。

3.4　疲劳性能的预测方法

由于悬架用橡胶元件是在交变载荷环境中工作的,因此要求零件应具有良好的耐疲劳性能。由于影响橡胶疲劳寿命的因素很多,如动态载荷、温度、氧和臭氧等,且橡胶件对于使用中外在条件的变化有高的敏感性,这给疲劳寿命的预估带来很大的困难。目前,对于橡胶疲劳寿命的理论评估往往是定性的。实际应用中,人们通过试验来获得更为可靠的信息。在不考虑温度的影响,并假设线性小形变的工作工况,疲劳寿命计算公式为[69]。

$$N_f W^b = C \qquad (3.20)$$

式中 N_f——疲劳循环次数;

    W——能量输入函数;

    C——对于特定材料,为一常数;

    b——对于天然橡胶 NR 取 2,对于 SBR 取 4。

其中:$W = (1/2)$应力×应变 $= (1/2)(G)$(应变)^2,G 为剪切模量

如取 $b = 2$,式(3.20)可写为

$$(N_f)(1/4)G^2(应变)^4 = C$$

整理,得

$$N_f = (K'/应变)^4 \qquad (3.21)$$

式(3.21)中,$K' = \sqrt[4]{4C/G^2}$。不难看出,天然橡胶的疲劳寿命与应变的 4 次方成反比。图 3.7 所示为橡胶元件寿命预测方法流程[59]。

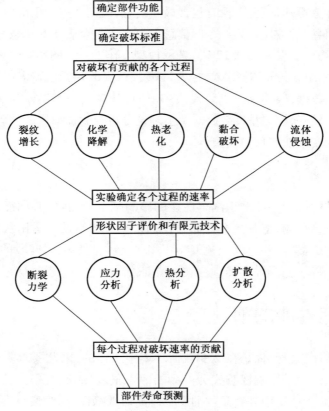

图 3.7 橡胶元件寿命预测方法

3.5　小结

橡胶元件作为悬架重要的承载结构零件,其力学特性直接影响到悬架性能。在分析橡胶元件的力学特性时,计算公式在推导时做了相当多的假设,且仅能计算形状较为规整的橡胶元件,如圆柱形橡胶衬套。在有限的小变形范围内,理论计算值与试验值吻合较好。

通过笔者参与的实际衬套研究试验工作,发现追求通用的理论解的实际工程意义有限,找出能够比较精确的估算衬套刚度的工程方法更有实际价值,故尝试在有限元分析的基础上进行公式预测,并尝试运用灰色建模方法预测橡胶元件的蠕变性能,并证明其有效性。

为了满足现代汽车设计的多方面的设计需求,往往要求橡胶衬套在不同方向上具有不同的刚度和阻尼。例如,为了获得各个方向上不同的力学性能,在衬套某个方向上增开减弱孔,增加复合钢片,为了提高低频率下的阻尼,而出现的液压型衬套。对于上述形式的衬套,所有的理论公式都失效。人们不得不更多地依赖于试验手段和有限元技术。

第4章
橡胶弹性元件的有限元分析

在全球经济竞争激烈的大环境下,我国的制造业想求得生存和发展,就必须要开发满足客户的需求、高新技术、高效益的产品。而对于此,有限元分析技术是实现重大工程与工业产品的建模、计算分析、模拟仿真与优化设计的重要工具和手段。一般情况下,工程问题可表达为物理情况的数学模型。有限元法(Finite Element Method, FEM)是解决工程和数学、物理问题的数值方法,也称为有限单元法,是矩阵方法在结构力学和弹性力学等领域中的应用和发展。由于它的通用性和有效性,已受到工程技术界的高度重视[70]。它是 CAE(Computer Aided Engineering)的理论基础,已成为计算机辅助设计和计算机辅助制造的重要组成部分。目前,有限元方法已经发展并应用到几乎所有的技术领域。有限元分析有助于增加产品和工程的可靠性,在产品设计阶段发现潜在问题,经过分析计算采用优化设计方案,降低原材料成本,缩短产品开发时间,模拟试验方案,减少试验次数,从而节省试验经费[71]。

有限元法离散化的思想可以追溯到 20 世纪 40 年代。1943 年,R. Courant 在求解扭转问题时为了表征翘曲函数,首次将截面分成若干三角形区域,在各个三角形区域设定一个线性的翘曲函数,求得扭转问题的近似解。提出了"有限元法"特定名词,这是对里兹法的推广,其实质就是有限元法分片近似、整体逼近的基本思想[72]。几乎与此同时,我国的冯康也独立提出了类似的方法[73]。有限元法第一次成功的尝试是 1956 年波音公司的 Turner、Clough 等人在分析飞机结构时,将分片近似、整体逼近的思想和结构力学的矩阵位移法应用于弹性力学的平面问题,采用直接刚度法,按照弹性力学的基本原理建立了分片小区域上的特性方程,首次采用计算机求解,给出了用三角形单元求得平面应力问题的正确解答。同时德国斯图加特大学的 J. H. Argyris 发表了一组能量原理与矩阵分析的论文,并出版了《能量原理与结构分析》一书。对弹性结构的基本原理进行了综合推广,是弹性结构分析的经典著作之一。1960 年,Clough 在题为"平面应力分析的有限元法"的论文中首次使用有限元法(the Finite Element Method)一词。20 世纪六七十年代,是有限元法迅速发展的时期,除力学界外,大量数学家也参与了这一工作。1963 年,J. F. Besseling、Melosh 和 Jones 等人证明了有限元法是基于变分原理的里兹法的另一种形式,有限元法计算格式可用变分原理建立,它可以处理很复杂的连续介质问题,是一种普遍的方法。20 世纪 60 年代后期,J. T. Oden 等学者进一步研究了加权残值法与有限元法之间的关系,利用加权残值法也可以确定有限元法之间的关系,利用加权残值法也可以确定有限元的特性,建立有限元的计算格式,并指出有限元法利用的主要是 Calerkin 加权残值法,它可以利用即使泛函无法构造或泛函根本不存在的问题,1967 年,O. C. Zienkiewicz 和 Y. K. Cheung(张佑启)出版了第一本有关有限元分析的著作——《连续体和结构的有限元法》,后更名为《有限单元法》;1972 年,J. T. Oden 出版了第一本处理非线性连续介质问题的专著——《非线性连续体的有限元法》。

4.1　有限元分析方法概述

4.1.1　有限元方法概述

有限元分析是随着计算机技术、数值积分技术和结构分析力学等基础学科发展而迅速发展起来的一种结构分析技术。它在 20 世纪 50 年代起源于飞机结构的矩阵分析,60 年代开始被推广用来分析弹性力学平面问题。由于它所依据的理论的普遍性,因此,很快就广泛应用于各个工程技术领域。有限元法的基本思路是将弹性连续体离散成有限个单元,并且假定离散后的单元与单元之间通过节点连接,通过对每一个单元单独建立节点方程,最后将所有的单元按照一定的法则汇集起来,求解矩阵方程,从而获得原问题的解。

弹性力学问题的有限元法基本分析过程都是一样的,概括起来可以分为以下 5 步。

1. 结构的离散化

离散化是指将待分析的结构用选定的单元形式划分有限个单元体,把单元的一些指定点设为连接相邻单元的节点,以单元的集合体来代替原结构。

在这一步应做的具体工作是:建立坐标系;对单元和节点进行合理编号,为以下的有限单元法具体分析准备必要的信息。所用应用软件不同,所需准备的数据也不同。对具有"前处理"功能的有限元应用软件来说,可以人机交互地只输入少量计算所必不可少的信息,其他大量信息将由软件控制自动生成。这不仅方便了程序的使用,而且也可减少原始数据的输入错误。

2. 确定位移模式

完成离散化工作后,为对典型单元进行特性分析,必须对单元中的位移分布做出合理的假设,也即假设单元中任一点的位移可用节点待定位移的一个合理、简单的坐标函数来表示,这一坐标函数称为位移模式或位移函数。

位移模式的确定是有限单元法分析的关键。比较常用的做法是以多项式作为位移模式,因为其微积分运算比较简单。从泰勒级数展开的意义上来说,任意光滑函数的局部均可用多项式来逼近。可建立起以下的矩阵方程,即

$$d = N\delta e$$

式中　d——单元中任一点的位移列阵；

　　　　N——形函数矩阵，其元素是坐标的函数；

　　　　δe——单元的节点位移列阵。

3. 单元特性分析

确定了单元位移模式后，即可对单元做以下 3 个方面工作：

（1）利用几何方程（应变—位移关系）将单元中任一点的应变用待定节点位移来表示，也即建立以下矩阵方程，即

$$\boldsymbol{\varepsilon} = \boldsymbol{B}\delta e$$

式中　$\boldsymbol{\varepsilon}$——单元中任一点的应变列阵；

　　　　$\boldsymbol{B}$——形变矩阵，一般其元素是坐标的函数。

（2）利用物理方程（应力—应变关系）导出用单元节点位移表示的单元应力矩阵方程，即

$$\boldsymbol{\sigma} = \boldsymbol{DB}\delta e = \boldsymbol{S}\delta e$$

式中　$\boldsymbol{\sigma}$——单元中任一点的应力列阵；

　　　　$\boldsymbol{D}$——与单元材料有关的弹性矩阵；

　　　　$\boldsymbol{S}$——应力矩阵，一般其元素是坐标的函数。

（3）利用虚位移或最小势能原理建立刚度方程，即

$$\boldsymbol{V}_e + \boldsymbol{P}_{eq}^e = \boldsymbol{K}_e\delta e$$

式中　$\boldsymbol{V}_e$——单元节点力列阵；

　　　　$\boldsymbol{P}_{eq}^e$——单元等效载荷列阵，与作用在单元上的外载荷有关；

　　　　$\boldsymbol{K}_e$——单元刚度矩阵，可导得它按下式计算，即

$$\boldsymbol{K}_e = \int \boldsymbol{V}_e \boldsymbol{B}^{\mathrm{T}} \boldsymbol{DB} \mathrm{d}V \qquad （V_e \text{ 为单元体积}）$$

在以上 3 个方面工作中，核心的工作是建立单元刚度矩阵和等效节点载荷列阵。

4. 集成所有单元的特性，建立整个结构的节点平衡方程

本步工作像杆系结构矩阵分析一样，利用直接刚度法"对号入座"集成整个结构的整体刚度矩阵和综合等效节点载荷列阵（包括直接节点载荷与等效节点载荷两部分），从而建立结构整体刚度方程为

$$\boldsymbol{K\Delta} = \boldsymbol{P}$$

式中　$\boldsymbol{K}$——结构整体刚度矩阵；

　　　　$\boldsymbol{\Delta}$——结构整体位移列阵；

　　　　$\boldsymbol{P}$——结构综合等效结点载荷列阵。

具体细节因所求解问题和程序处理方法的不同有所区别，对一些问题将存在坐标（局部与整体）转换问题，对于"后处理"法（用于对号入座的定位向量可不考

虑边界位移约束）还存在位移边界条件的引入等问题。

5. 解方程组和计算输出结果

对线性问题，整体刚度方程式将是一组线性代数方程组，一般是高价方程组。由于整体刚度矩阵的高阶、带状、稀疏和对称的特性，在有限单元法发展过程中，研究建立了许多不同的存储方式和相应的计算方法，利用它们可以解出全部未知位移。

求出位移后，可以进一步计算应力（或内力），并用数表或图形方式输出整理后的结果，在此基础上再结合具体问题进行结构设计。

4.1.2　有限元软件的应用

现代科学技术的飞快发展，人们对设计制造产品的性能要求日益提高，对效益成本和时间的控制。这一切都需要工程师在设计阶段就要精确地把握产品或工程的技术性能，这就需要对它们各种性能参数的获得并进行分析计算。有限元法最初应用在求解结构的平面问题上，发展至今，已由二维问题扩展到三维问题、板壳问题，由静力学问题扩展到动力学问题、稳定性问题，由结构力学扩展到流体力学、电磁学、传热学等学科，由线性问题扩展到非线性问题，由弹性材料扩展到弹塑性、塑性、黏弹性、黏塑性和复合材料，从航空技术领域扩展到航天、土木建筑、机械制造、水利工程、造船、电子技术及原子能等，由单一物理场的求解扩展到多物理场的耦合，其应用的深度和广度都得到了极大的拓展[74]。在工程实践中发现，有限元软件应用使得设计发生了巨大的飞跃。

设计制造的仿真模拟是指通过有限元软件的前、后处理功能可以将图像数据化后进行精确计算分析，然后把所得出的计算结果数据图像化，更加直观地表现[75]。

图 4.1 所示为橡胶制品的开发过程[76]。

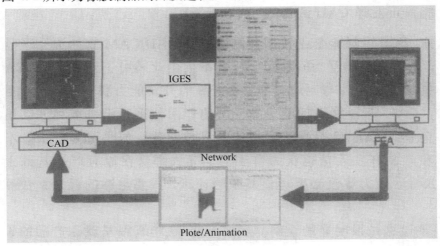

图 4.1　橡胶制品的开发过程

用 FEA(有限元分析)法设计产品结构(如应用于轮胎),将结构设计、建模、测试等大大简化,从而缩短了产品开发时间和生产周期。例如,固特异轮胎 5 年前有 40 % 的产品开发周期不超过 3 年,现在已上升到 80%,如图 4.2、图 4.3 所示[77]。

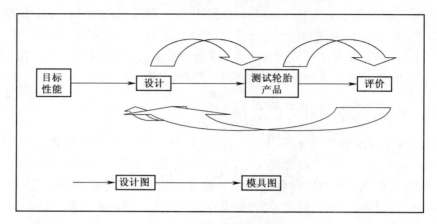

图 4.2　传统轮胎开发流程

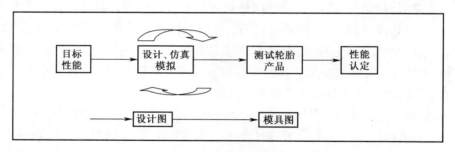

图 4.3　现代轮胎开发流程

有限元软件与 CAD 的结合对于设计制造的帮助表现如下[78]:

(1) 增加了设计功能,降低设计成本。

(2) 缩短设计和分析的循环周期。

(3) 增加产品和工程的可靠性。

(4) 采用优化设计,降低材料的消耗或成本。

(5) 预先发现潜在问题。

(6) 模拟各种试验方案,节约时间和经费。

(7) 机械事故分析,查找问题原因。

4.1.3　有限元算法的特点

通常来说,弹性力学的求解方法可以分为解析法与数值法两大类,对于解析法,它是通过求解微分方程,得到一个解析解,这种解是一个函数表达式,它能给出物体内每一点上所要求的未知量的值。对于一个一般的三维弹性力学问题,待求的未知函数共有 15 个,分别为:6 个应力分量 σ_x、σ_y、σ_z、τ_{xy}、τ_{yz}、τ_{xz};6 个应变分量 ε_x、ε_y、ε_z、γ_{xy}、γ_{yz}、γ_{xz},3 个位移分量 U、V、W。同时,弹性力学的基本方程恰好也是 15 个,分别为 3 个平衡方程、6 个几何方程及 6 个物理方程。也就是说,基本方程的数目恰好等于未知函数的数目,因此,从数学的观点来看只要给出边界条件,应该有可能从 15 个方程中解出 15 个未知函数,但在实际运用过程中,联立求解 15 个方程是件很复杂的事。为了便于求解,可取少数未知函数作为基本未知量,求出基本未知量后,再求其他未知量,按未知量的选取不同,解析法又可分为应力法与位移法,尽管如此,能用解析法求解的只是那些方程比较简单,且几何边界相当规则的少数问题,对于大多数工程实际问题,由于物体的几何形状不规则、边界条件复杂、材料的不均匀以及求解偏微分方程数学上的困难,要得到问题的解析解,往往是十分困难以至于是不可能的,为了求解这些复杂问题,唯一的办法是运用数值解法求得问题的近似解,经过实践,有限元法的求解效果还是令人比较满意的。采用有限元法研究结构的强度方面的问题,它能解决力学理论解析解不能解决或者虽能解决但解决起来非常复杂的问题。

有限元法经过几十年的发展,已成为一种通用的数值计算方法。它的特点具体表现在以下几个方面:

1. 基本思想简单朴素,概念清晰易理解

有限元法的基本思想就是几何离散和分片插值,思想简单朴素,概念清晰易理解。用离散单元的组合体来逼近原始结构,能够适应复杂的几何构造。单元在空间上可以是不同的形状,同时,各种单元可以采用不同的连接方式,所以,在工程实践中遇到的非常复杂的结构和构造都可以离散为由单元组合体表示的有限元模型[79]。体现了几何上的近似;而用近似函数逼近未知变量在单元内的真实解,体现了数学上的近似;由于单元内近似函数分片地表示全域的未知场函数,对场函数所满足的方程形式并没有限制,也没有限制各个单元所对应的方程形式必须相同,因此可以适应各种物理问题,而且可以适用于各种物理场互相耦合的问题。

2. 理论基础厚实,数值计算稳定、高效

有限元法计算格式的建立既可基于物理概念推得,如直接刚度法、虚功原理,也可以基于纯数学原理推得,如泛函变分原理、加权残值法。通常直接刚度法、虚功原理用于杆系结构或结构问题的方程建立,而变分原理涉及泛函极值,既适用于简单结构问题,也适用于更复杂的工程问题(如温度场问题)。当给定问题的经典变分不存在时,可采用更一般的方法来建立有限元方程,如加权残值法。

3. 边界适应性强,精度可控

与早期的其他数值计算方法(如差分法)相比,有限元法具有更好的边界适应性。由于有限元法的单元不限于均匀规则单元,单元形状有一定的任意性,单元大小可以不同,且单元边界可以是曲线或曲面,不同形状单元可进行组合,所以,有限元法可以处理任意复杂边界的结构。同时,由于有限元法的单元可以通过增加插值函数的阶次来提高有限元的精度问题。因此,从理论上讲,有限元可通过选择单元插值函数的阶次和单元数目来控制计算精度。

4. 计算格式规范,适合计算机实现的高效性[80]

有限元法计算格式规范,用矩阵表达,方便处理,易于计算机程序化。由于有限元分析的各个步骤可以表达成规范化的矩阵形式,最后导致求解方程可以统一为标准的矩阵代数问题,特别适合计算机的编程和执行,随着计算机硬件技术的高速发展以及新的数值算法不断出现,大型复杂问题的有限元分析已成为工程技术领域的常规工作。

5. 计算方法通用,应用范围广

有限元法是一种通用的数值计算方法,应用范围广,不仅能分析具有复杂边界条件、线性和非线性、非均质材料、动力学等结构问题,还可推广到解答数学方程中的其他边值问题,如热传导、电磁场、流体力学等问题。从理论上讲,只要是用微分方程表示的物理问题,都可以用有限元法进行求解。

6. 有限元的主要缺点

解决工程问题必须首先编制(或具有)计算机程序,必须运用计算机求解。另外,有限元计算前的数据准备,计算结果的数据整理工作量相当大,然而,在计算机日益普及的今天,使用计算机已不再困难,对于后一缺点可通过用计算机进行有限元分析的前、后处理来部分或全部地解决[81]。

4.1.4 有限元方法在橡胶零部件分析中的运用

早在 20 世纪 70 年代,橡胶制品的有限元分析(FEA)已为橡胶制品设计者所使用,一些商业化的非线性有限元软件 MARC、ANSYS、ABAQUS 等被用来对橡胶材料进行辅助分析[82]。世界上一些著名的科研机构和生产橡胶制品的公司开始对橡胶制品进行有限元分析,以提高橡胶制品的质量。1986 年 1 月 28 日,挑战者号航天飞机在升空后发生爆炸,全世界为之震惊,根据调查这一事故的总统委员会的报告,这一事故是因为两节火箭连接部位的橡胶 O 形密封环失效所致。用 MARC 软件分析该 O 形密封环的密封状况,得到了与实际吻合的模拟结果。分析时考虑了温度从 23℃ 骤降到 0℃ 的变温情况[83]。由于橡胶材料具有依赖于温度的黏弹性特性,松弛模量随温度下降而升高。在温度下降后,橡胶 O 形密封环的变形减小,不足以与被密封体接触,导致燃料的泄漏,被炽热的气体点燃从而引起 73s 后爆炸。世界上一些著名的轮胎公司以及橡胶研发实验室都在橡胶制品的有限元分析方面已近非常成熟。有限元分析技术已经广泛应用在生产中,并且在产品研发中发挥着重要作用。

在我国,橡胶有限元分析技术起步比较晚,但是随着国外大型有限元软件引入我国,国内的一些高校和科研院所对橡胶制品进行了有限元分析。中橡集团北京橡胶工业研究设计院最近几年采用计算机开发了轮胎设计、分析方法,取得了很大进展,最近又与青岛橡胶集团等轮胎厂联合开发子午线轮胎设计及性能分析仿真系统。北京化工大学开发了基于 Windows 平台的子午线轮胎 CAD 系统。利用该系统可自动生成子午线轮胎 ANSYS 有限元模型文件并配合 ANSYS 软件使用,三角轮胎股份公司开发了 WH 轮胎三维非线性有限元分析软件,此外哈尔滨工业大学、华南理工大学、株洲新时代有限元公司等在橡胶制品的有限元方面也进行了大量的工作,取得了一定的成绩。尽管国内一些企业也开始认识到有限元分析在橡胶工程中的巨大作用,也开始应用有限元技术来分析橡胶制品,但总的来说,应用效率非常低,仍然摆脱不了传统设计模式,使得有限元应用方面分析与应用严重脱节。

在悬架设计初期需要更详尽、精确的橡胶元件的刚度和载荷状态,以及在处理较为复杂几何外形的橡胶元件设计问题时,FEA 具有更强适用性。对橡胶元件进行设计改进时,亦可以用 FEA 对其进行研究而不必靠重复制造和试验。FEA 亦可尝试评估零件的疲劳寿命。如果寿命预测不符合工程要求,还可以用 FEA 来修改设计。

目前有限元软件种类繁多,但考虑到橡胶件的非线性和大位移,市场上陆续出现通用的有限元软件 MARC、ANSYS、ABAQUS 等,可对橡胶元件进行非线性分析计算,作为橡胶元件设计和选型的计算机辅助分析手段。

目前橡胶的有限元材料模型基于以下假设:不可压缩、各向同性、超弹性材料。分析表明,采用这种假设来近似模拟橡胶材料是较合理的。由于简单、实用,在 FEA 中应用最广泛的应变能函数应该首选 Mooney－Rivlin 模型。

文献[14]使用两种不同的有限元模型研究预承载圆柱形衬套的下列物理量:①衬套组装变形和应力;②轴向载荷及挠度;③径向载荷及挠度。分析采用 Mooney－Rivlin 函数模型。图 4.4 及图 4.5 所示为分析所用的有限元模型。

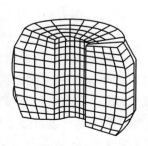

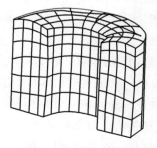

图 4.4　未变形橡胶衬套的有限元模型　　　图 4.5　压缩合成后橡胶衬套的有限元模型

在运用 FEA 技术时,研究者对于橡胶材料的超弹性本构关系的确定、单元类型的选择、计算稳定性的数值判断方法等均取得了一定的进展,所分析的橡胶单一方向的静态弹性特性具有较高的精度[84,85]。

4.2 橡胶材料的本构模型

4.2.1 橡胶材料概述

汽车用橡胶元件主要用于减缓汽车行驶时振动和降低噪声,改善汽车操纵稳定性、安全性和舒适性。因此,要求材料具有优良的阻燃、减振、抗动态疲劳和耐久性。就减振功能而言,通常要求具有支撑、减振和抑振 3 个方面的功能,如表 4.1 所示。但是这三者往往是互相矛盾、相互制约的,如采用高衰减性材料可以提高抑振效果,但对通常的橡胶材料来讲,随着其衰减性的增大,它的动态弹簧常数不可避免地出现增大倾向,从而影响其减振功能。而且随着对车辆噪声控制和防振要求的不断提高,对减振制品的要求亦不断提高,各种满足不同需求的高性能橡胶及制品应运而生[86]。

表 4.1 对减振橡胶制品要求的基本性能

功能	内　　容		说　　明	
支撑功能	用于支撑作为对象的重物,为此必须确保具有足够的静态弹簧常数(K_s)	固定支撑	对于此两功能来讲 K_d/K_s 越小越好	
减振功能	相对于作为对象的振动频率,具有足够低的动态弹簧常数(K_d)	柔软支撑	对于此两功能,希望低 K_d,高 η,但一般硫化胶,随着 η 增大 K_d 增大	
抑振功能	为了尽可能抑制不可避免共振时传导率的增幅,应具有足够的高阻尼性(高 η)	降低共振		

橡胶是一种具有高弹性的有机高分子材料,它的各种性能均受材料的影响。从减振橡胶的应用条件来看各种原料橡胶的适应性,虽然天然橡胶耐热较差,但其所具有的优异的综合性能仍是各种合成橡胶难以匹敌的,故在大多数场合属于首选材料。

目前,悬架用橡胶元件以天然橡胶(NR)为主,用于衬套、减振器支承、稳定杆支承;也有用合成橡胶(SR),如丁苯橡胶(SBR),用于缓冲块;异戊橡胶(IR),用于衬套。另外,悬架橡胶件采用的材料还有丁基橡胶 IIR/CIIR、聚亚胺酯(PU)。材料技术发展重点放在高分子的分子设计技术方面,可按性能要求进行分子设计,以取得橡胶元件的动静刚度、疲劳性能等最佳的综合性能要求。

诚如前述,作为减振橡胶材料,其所要求的各种性能之间往往是相互矛盾的,在进行配方设计时需要根据其具体应用综合考虑,务使各种性能达到平衡,争取达到最佳效果。无论是天然橡胶还是合成橡胶,都必须使用适当的添加剂,以改善橡胶的性能[86]。

1. 低动倍率和高衰减性

从提高减振橡胶性能这一角度来讲,兼具有低动倍率(K_d/K_s)、高衰减性(高η)是基本要求。为此,需从橡胶材料的配方等方面探讨。例如,在天然橡胶—聚氯乙烯中加入滑石粉或陶土,可在一定程度上达到低动倍率和高衰减的效果。另外,在氯丁橡胶的炭黑配合体系中,添加碳化硅或氮化硼,亦能达到相似的效果,或者在天然橡胶中使聚酰胺微细纤维(酚醛类树脂存在下)接枝结合后,就可实现低动倍率化。

2. 高衰减和低生热

为了提高橡胶的减振性能,材料需具有高的衰减性,即较高的滞后性能,但高衰减性与生热往往相矛盾,因此在顾及衰减性的同时,改善橡胶材料的生热性能十分重要。这在轮胎、运输带等制品的配合中已积累了丰富的经验,值得借鉴。例如,在天然橡胶的炭黑配合中掺加白炭黑、硅烷偶联剂和硅烷化剂或在二烯类橡胶中配合特定内酰胺化合物后,即可得低生热橡胶。

3. 高衰减和低压缩永久变形

有些减振制品不仅要求具有高衰减性,而且要求具有低的压缩变形性能。从综合性能和成本考虑出发,目前这种产品通常用天然橡胶制造。为了使天然橡胶具有高衰减性,又具有高刚性(抗压缩变形性),可以对天然橡胶进行结构改性处理。据报道,使用适当的改性剂时天然橡胶的分子链在顺式和反式之间发生一定程度的异构化和环化,可以达到降低天然橡胶的结晶性倾向,提高其衰减性的效果。试验证明,采用亚砜和砜化合物对天然橡胶进行改性,可以打破橡胶行业关于增大滞后损失和降低压缩永久变形两者是相互对立的传统观念,实现在增大滞后损失的同时降低压缩永久变形。据称,经如此改性的天然橡胶其滞后损失是未经改性的2~3倍,而抗压缩永久变形性能保持不变。

当然,橡胶的配方技术讨论并不是本书的主题,读者可以查阅相关的专业文献,这里不再进一步展开。

4.2.2　橡胶材料的本构模型

材料的本构关系,就其物理含义而言,是指材料受力与其相应变形之间的关系。在一般意义上,就是材料的力学性能定量化的关系。它描述的是物质特性。人们正是通过不同的本构关系,来区别自然界中各种不同物质的宏观物理和力学属性。只有把普遍适用的守恒方程和所给定的本构关系式联立在一起,才能构成封闭的数学方程组。而且,也只有对不同的研究对象,给出正确的本构方程,才有可能客观地反映出所研究问题的本质。在实际应用中,本构关系是材料和结构强度、设计、寿命和安全评估的根本。

在橡胶结构分析与设计中,建立和发展适当的本构关系和分折方法一直是研究的重要课题,准确的橡胶材料本构关系对于橡胶元件的有限元仿真是至关重要的。

对于橡胶类材料的本构理论的研究,历史上形成了两种方法,即统计理论和唯象理论[87]。统计理论从橡胶自身的物理机制出发,建立的数学模型描述范围较宽,不仅包括力学行为,还包括溶胀等行为,但这类模型只适用于定性及理论分析,在工程中无实际用途。唯象理论,顾名思义,它仅涉及所观察到的橡胶的性质,而不考虑橡胶微观结构导出应力和应变之间的非线性弹性关系,在实际工程中能准确描述橡胶类材料变形一般性质的精确数学表示式。

理论研究表明,橡胶材料性能接近于超弹性材料,对于超弹性材料,不用杨氏模量和泊松比表示应力—应变关系,而用应变能(W)来表达应力—应变关系,此函数形式及其所包含的常数须由试验确定。以应变能密度函数为基础,现已发展出几种本构理论,它们适用于超弹材料的大的弹性变形。这些理论与 FEA 一起,可被设计者用来对高形变状态下的弹性体产品进行有效的分析和设计。这些本构方程分为两类。第一类假定应变能密度是主要应变常量的多项式函数。对于不可压缩材料来说,材料模型一般指 Rivlin 材料。若只适用一次项,则指 Mooney‑Rivlin 材料。第二类则假定应变能密度是 3 个主要拉伸的可分离的函数。所用的模型有 Ogden、Peng、Peng‑Landel 材料模型等。实际选用何种材料模型,应考虑各种模型的应用特点。橡胶类固体的体积压缩模量值 K 很高,其 K 值可达 $1.5\sim2GPa$,根据体积模量的数值的大小,可以分为不可压缩、近似不可压缩、可压缩 3 种情况。

在进行有限元分析时,一般认为是各向同性的不可压缩的超弹性材料。

应变能密度函数 W 由 3 个应变不变量 I_1、I_2、I_3 来描述,其表达式为

$$W = W(I_1, I_2, I_3) \tag{4.1}$$

其中

$$I_1 = \lambda_1^2 + \lambda_2^2 + \lambda_3^2$$
$$I_2 = \lambda_1^2\lambda_2^2 + \lambda_2^2\lambda_3^2 + \lambda_3^2\lambda_1^2$$
$$I_3 = \lambda_1^2\lambda_2^2\lambda_3^2$$

λ_1、λ_2、λ_3 表示拉伸比,即 $\lambda = (L_0 + \Delta L)/L_0$,其中 L_0 为橡胶试样初始长度,λ 的下标 1、2、3 分别代表互相垂直的 X、Y、Z 方向。如视橡胶材料为不可压缩超弹性材料,则 $I_3 = 1$,因此式(4.1)可简化为

$$W = W(I_1, I_2) \tag{4.2}$$

橡胶类材料具体应变能函数的种类很多。一般有二项 Mooney‑Rivlin 模型、Neo‑Hookean 模型、Yeoh 模型等。上述 3 种模型较好地描述橡胶小应变及中等程

度的应变,材料试验的需求条件相对较低,适合用于汽车工程设计使用。下面简要介绍这 3 种模型。

1. 二项 Mooney - Rivlin 模型

$$W = C_{10}(I_1 - 3) + C_{01}(I_2 - 3) \tag{4.3}$$

式中 C_{10},C_{01}——材料常数,通过单项拉伸试验获得。

该模型不仅适用于经典的小变形线性弹性范围,而且适用于更大范围的形变。由于简单和实用,该模型在 FEA 中应用获得广泛的应用,本书计算实例也采用该模型。

2. Neo - Hookean 模型

$$W = C_{10}(I_1 - 3) \tag{4.4}$$

式中 C_{10}——材料常数。

该模型较为简单,仅需一项材料常数,在小应变内与试验结果吻合很好。

3. Yeoh 模型

$$W = C_{10}(I_1 - 3) + C_{20}(I_1 - 3)^2 + C_{30}(I_1 - 3)^3 \tag{4.5}$$

式中 C_{10},C_{20},C_{30}——材料常数。

材料常数的确定同样对试验要求不高。模型在较大应变范围内有很好的模拟结果。

上述理论可用来对汽车悬架橡胶产品进行有效的分析。当然,描述橡胶类材料行为的应变能函数高次项越多,所要求橡胶材料试验条件就越多,拟合出的材料模型越精确。

4.2.3 橡胶材料数据的获得

橡胶有限元分析不同于金属结构有限元分析。因为不同的橡胶材料配方,其表现出来的力学性能差异很大,因此需要进行一些基础试验,得到各种橡胶材料的性能基础数据,形成相应的材料参数,再根据黏弹性材料力学形成本构模型,才能比较有效地进行有限元分析。

选择哪种试验取决于所用的材料模型、想达到的精确度以及可投入的设计时间和资金。目前国际上定义橡胶材料力学行为的试验为单向拉伸、双轴拉伸、平面拉伸及体积压缩。这些试验中能够获得精度满足工程应用的试验数据,如图 4.6 至图 4.8 所示。

图 4.6　未应变状态

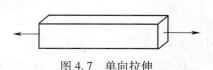

图 4.7　单向拉伸

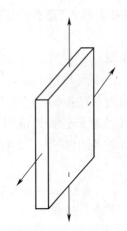

图 4.8　等比双轴拉伸

在材料小变形仿真时,可以通过材料硬度的测定来获得材料模型[32]。金属材料的硬度是按一定条件所测得的永久变形。而橡胶的硬度是通过一个端部有一定形状的压头施加一定的载荷而测得橡胶表面的弹性变形。我国硫化橡胶一般采用邵尔 A 硬度计。它适用于硫化橡胶在邵尔 A 硬度 20~90 度范围内的硬度测定,邵尔 A 硬度计的压针形状如图 4.9 所示。硬度计压针在自由状态时,其指针应指零度,当压针被压入小孔,其端面与硬度计底面在同一平面时,硬度计所指刻度应为 100 度,即

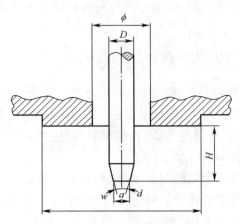

图 4.9　邵尔 A 硬度计的压针

$$H_A = (H - \delta)/H \times 100 \tag{4.6}$$

对压针所施力的大小同硬度计指示值的关系符合式(4.7),即:

$$F = 0.550 + 0.075H_A \tag{4.7}$$

式中　F——对硬度计所施加的力,N;

　　0.550——压针未压入试样时(硬度计指零时)弹簧的力,N;

0.075——硬度计每 1 度所对应的力,N;

H_A——邵尔 A 硬度计指示的度数。

根据弹性理论来研究硬度试验,假定橡胶遵守胡克定律,在图 4.9 中压针的压入深度按照弹性理论可用下式表达,即

对于平底圆柱的压针,半径为 a,有

$$F = 8Gad \tag{4.8}$$

对于球形测试计压针,半径为 a,有

$$F = \frac{16Ga^{\frac{1}{2}}d^{\frac{3}{2}}}{3} \tag{4.9}$$

式中　d——压入深度,mm;

$2a$——圆柱压针的直径,mm;

F——作用在压针上的载荷。

对于锥形端测试计压针,压针半角为 θ,有

$$F = \frac{8Gd^2\tan\theta}{\pi} \tag{4.10}$$

在以上所列的关系式中,橡胶都被假定为不可压缩的。对于可压缩的材料来讲,式子中右侧要除以因子 $2(1-\mu)$。

对于平底的压针,根据硫化橡胶的不可压缩性,$\mu \approx 0.5$。联立式(4.6)、式(4.7)、式(4.8),并代入参数值求得

$$G = \frac{0.7754H_A + 5.53}{100 - H_A} \tag{4.11}$$

式(4.11)建立了剪切弹性模量 G 与邵尔 A 硬度 H_A 的关系式。由图 4.10 可见,硬度越高,剪切弹性模量越大,但并非线性关系。

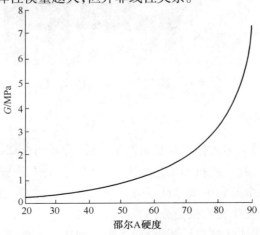

图 4.10　橡胶剪切模量与硬度的关系

4.3　悬架橡胶元件的失效形式

汽车悬架上橡胶元件主要有橡胶衬套、横向稳定杆支承、悬架限位块（或缓冲块）等。其失效形式主要表现为以下几种。

4.3.1　疲劳失效

由于悬架用橡胶元件是在交变载荷环境中工作，因此疲劳破坏是橡胶弹性元件破坏的最主要形式。橡胶材料的疲劳可以表述为材料在动态载荷或形变作用下，裂纹缓慢增长而导致的物理力学性能逐渐下降的现象。

橡胶弹性元件出现疲劳失效，其表征形式为橡胶局部表面出现裂纹、开胶、龟裂、皱褶等非正常的破坏现象，同时其承载特性往往伴随着胶料硬度、刚度等特征一起发生变化，当刚度变化达到结构无法承受时，橡胶弹性元件就因最终失去承载能力而失效。如图 4.11 所示，某乘用车在经过 8 万 km 道路行驶后，悬架摆臂橡胶衬套发生疲劳损坏，其中间橡胶体外侧部分完全磨破，导致内外金属件直接冲击接触。该橡胶衬套完全失去承载、缓冲等作用。

图 4.11　某摆臂橡胶衬套疲劳磨损

4.3.2　黏着失效

悬架用橡胶元件大多为橡胶与金属的复合件，橡胶与金属表面可以采用硫化、胶粘等工艺黏附在一起。现行的工艺水平可以保证这种黏附强度高于橡胶强度本身。因此，当橡胶与金属黏附效果良好时，其粘牢性试验破坏的位置应该发生在橡胶本身部位，而不会发生在橡胶与金属表面接合处。

但当硫化工艺无法达到设计要求，或者胶黏剂选择不合理，生产出来的产品在长期的实际使用中就会在橡胶与金属表面出现剥裂性破坏。如图 4.12 所示限位块,在实际汽车行驶中,发生过橡胶体从金属底座脱落,导致产品失效。

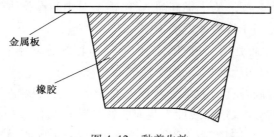

金属板

橡胶

图 4.12　黏着失效

4.3.3　刚度失效

橡胶元件的动、静刚度是橡胶产品最基本的性能指标,也是产品使用过程中确保系统具有良好动力学性能的关键参数。在产品的生命周期内,应保证橡胶元件的动、静刚度稳定在一定的范围内。而当,橡胶元件的刚度发生变化而造成系统刚度无法满足设计要求,影响车辆动力学性能,这就是刚度失效。

机械载荷和环境因素(如臭氧、温度等)对于橡胶元件的刚度影响是相反的。当刚度变化超过 15% 时,则说明橡胶元件已经部分或全部失去有效承载能力,即该元件已经发生了刚度失效。

4.3.4　蠕变失效

蠕变是指在恒定的应力作用下橡胶材料的应变随时间的增加而逐渐增大的现象。应力松弛是指在应变恒定的条件下,随时间的延长应力或应力模量下降的现象。蠕变与松弛的力学本质相同。

当橡胶弹性元件在高度压缩的状态下,压力会随时间而减少,当压力小于设计压力时,橡胶弹性元件就会表现出蠕变失效的特征。这种蠕变失效不仅在橡胶密封件中表现的常见和重要,在悬架橡胶元件中亦具有非常重要的意义。如双横臂独立悬架中,上、下横臂与车架连接均采用橡胶衬套,当橡胶衬套的蠕变特性不满足设计要求时,将导致前轮定位参数失常和运动学特征偏离,从而导致构件受力加大、轮胎磨损加剧,并进一步引发橡胶衬套蠕变量加大,往复循环,影响汽车的正常使用。

4.4　有限元分析实例

4.4.1　悬架摆臂衬套变形响应分析

橡胶元件在汽车悬架中最主要的应用是导向装置中的橡胶衬套和支撑胶垫,

从安装和功能上考虑,这类橡胶元件通常采用圆筒形衬套,如图 1.4 所示。衬套是由中间橡胶体和刚性金属套筒组成。常见的合成工艺是橡胶与金属内筒硫化黏接,与金属外筒压入装配。为了提高耐久性,需要对中间橡胶体的径向进行适当的预压缩,预压行程相当于橡胶厚度的 10%~30%[12]。

这种橡胶衬套在使用时,外筒固定,内筒随车轮的运动相应变形,其变形响应特性直接影响到悬架的运动学、动力学性能。

实际应用中,橡胶衬套一般承受着较大的变形,因此,决定了橡胶在变形过程中呈现强的几何和物理双重非线性。几何非线性是指大位移(或大应变)问题,当物体变形过大时,变形量对平衡方程的影响不可忽略,由此而导致了平衡方程的非线性。物理非线性是指材料的应力—应变关系是非线性的。而对于过盈压配工艺的衬套,还存在边界不确定性问题。接触问题是边界待定的几何非线性问题,它的非线性是由边界条件引起的,因此对于图 1.4 所示的悬架橡胶衬套进行非线性有限元分析,应该是上述 3 种非线性问题的耦合。

本书采用 ANSYS 软件的非线性分析程序,对工程中广泛应用的圆柱形橡胶衬套的变形响应进行研究。

1. 建立有限元模型

该衬套结构示意如图 1.4 所示,分析工况采用:固定金属内筒,对金属外筒外壁分别施加 Y 向(径向)和 Z 向(轴向)位移,坐标方向及中间橡胶体几何结构如图 3.1 所示,考察约束反力与施加位移之间的关系。由于中间橡胶体与内筒硫化粘接,为简化模型,仅建立金属外筒与中间橡胶体的几何模型,固定约束直接施加到橡胶内壁节点上。几何参数如下(单位为 mm):橡胶体 $L=43$,$R=12.5$,$r=10$,金属外筒 $L=43$,$R=15$,$r=12$,橡胶与外筒过盈压缩量为 0.5mm。

参考 ANSYS 软件的帮助文件[88],分析模型选用 20 节点的六面体单元 SOLID186,该单元既适于可压缩材料,也可适用于不可压缩材料。采用自由网格划分方式,整个有限元模型共有 6102 个节点,3850 个单元,有限元模型如图 4.13 所示。橡胶与外筒过盈压缩采用接触模拟,接触区域选用面对面接触,分别由 CONTACT170 金属目标单元和 CONTACT174 橡胶接触单元,构成橡胶与金属的过

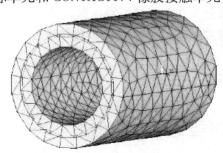

图 4.13　橡胶衬套有限元模型

盈接触对,橡胶与金属筒间的动摩擦因数取 0.6。材料参数设定为:橡胶材料常数 $C_{10} = 0.1008$MPa,$C_{01} = 0.1612$MPa,橡胶体积压缩模量 $K = 2$GPa,金属外筒的弹性模量为 2.1×10^5 MPa,泊松比为 0.3。

2. 非线性分析方法

由于橡胶材料的应力—应变关系曲线存在拐点,非线性本构关系出现了极值点和负刚度,为了保证计算收敛,采用带校正的线性近似的全牛顿—拉普森方法(Full Newton - Raphson)求解非线性问题。其收敛过程如图 4.14 所示。

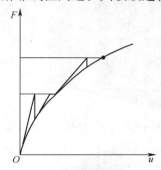

图 4.14　F - N - R 法收敛过程示意图

3. 计算结果和试验验证

为了验证数值计算结果,对该零件进行了实际变形响应测量,试验工况与计算相一致,变形响应对比结果分别如图 4.15 和图 4.16 所示。由图可以看出,有限元结果与试验值吻合较好,表明有限元分析的有效性。

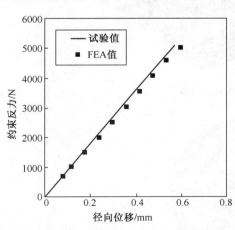

图 4.15　橡胶衬套的径向变形响应关系

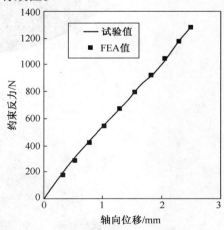

图 4.16　橡胶衬套的轴向变形响应关系

4.4.2　稳定杆衬套刚度分析

横向稳定杆衬套是橡胶元件在悬架上的典型运用之一,然而要准确模拟衬套刚度,需要考虑中间轴的过盈装配以及外部金属瓦的安装时压缩橡胶体等因素,可通过分步加载的方式模拟实际装配情况。材料参数的取得通过单轴试验获得。分析过程如图 4.17 至图 4.20 所示。

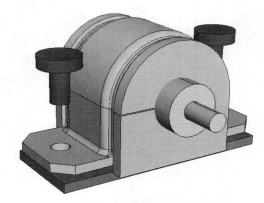

图 4.17　稳定杆衬套几何模型

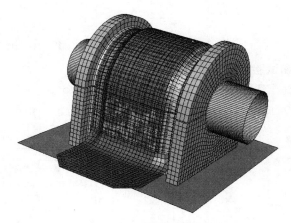

图 4.18　整体模型及网格

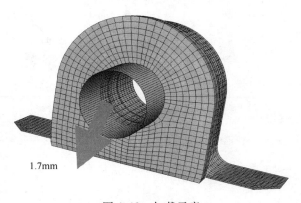

1.7mm

图 4.19　加载示意

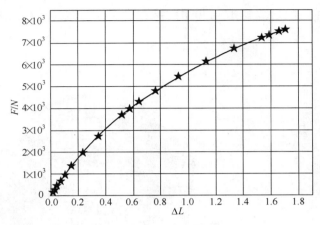

图 4.20　力与变形的关系

4.4.3　带有减弱孔的橡胶衬套刚度分析

　　为了使橡胶衬套不同方向上具有所需的刚度,常常在衬套上开有减弱孔,如图 3.2 所示。无论是基于材料力学还是基于弹性力学的理论公式,在推导时都运用了一个假设——连续性假设,即认为物体是由无空隙的占有整个特定空间域的介质组成。由于减弱孔不符合这一假设,因此理论公式对开有减弱孔的衬套都已失效。

　　带有减弱孔的橡胶衬套如图 3.3 所示,由于刚度值是衬套的整体特性,局部特征,如过渡圆弧,局部突起等对刚度值都不会产生明显的影响,因此在建模时这样的局部特征将会被简化。衬套开的孔的形状各种各样,孔的大小差别也很大,用孔相对的圆心角来描述孔的大小。如图 3.3 中减弱孔的角度为 $2a$。

　　图 4.21 表示的是减弱孔为 30°时,衬套承受径向载荷时(垂直减弱孔方向)的

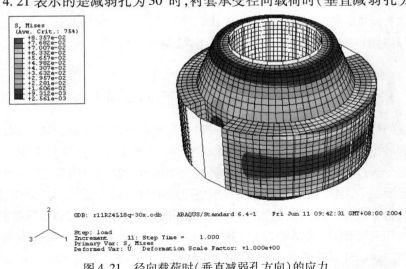

图 4.21　径向载荷时(垂直减弱孔方向)的应力

应力;图 4.22 表示的是减弱孔为 30°时,衬套承受径向载荷时(正对减弱孔方向)的应力[32]。

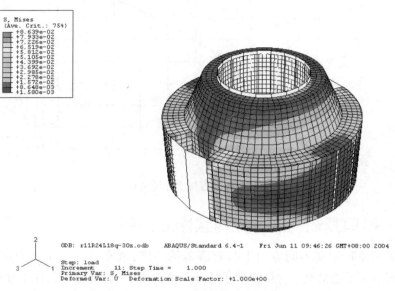

图 4.22 径向载荷时(正对减弱孔方向)的应力

4.5 有限元法在橡胶弹性元件分析中的发展

几十年来,有限元法得到迅速发展,已出现多种新型单元和求解方法。自动网格划分和自适应分析技术的采用,大大加强了有限元法的解题能力。由于有限元法的通用性及其在科学研究和工程分析中的作用和重要地位,许多公司更是投入了大量的资金来研发有限元分析软件,推动了有限元分析软件的巨大发展,使有限元的工程应用得到迅速普及。有限元法在橡胶产品分析中未来的发展趋势[89]如下。

4.5.1 精确拟合橡胶静、动态形变的本构模型

橡胶的弹性源于能量的变化,橡胶材料是具有某种形式的应变能函数,通过应变能函数导出其应力—应变的本构关系,进而研究橡胶类材料的力学特性。在实际的工程分析过程中,人们对橡胶类材料应变能函数的选择具有较大的盲目性,经常使用截断到一次、二次的 Rivlin 级数描述橡胶类材料的力学行为。另外,橡胶类材料的材料系数是通过对试验数据的拟合得到的。一般的试验,如单轴拉伸、等比双轴拉伸和纯剪试验,都是通过控制单个参数实现的。它们在应变能曲面中是 3 条特定的曲线。通过这 3 条曲线的曲面有很多,因此,拟合得到的材料系数的正确

性就难以保证[90]。应变能函数一般需要较多的材料常数才能描述橡胶类材料大变形行为,而材料常数较少的应变能函数只能描述较少的应变范围。因此,精确拟合橡胶静、动态形变的本构模型对于橡胶弹性元件的有限元仿真是至关重要的。

4.5.2　提高自动化的网格处理能力

针对大变形的橡胶件,充分利用有限元软件网格重划功能,由手动网格划分到自动网格划分,由二维网格重划到三维网格重划。

有限元法求解问题的基本过程主要包括分析对象的离散化、有限元求解计算及结果的后处理三部分。由于结构离散后的网格质量直接影响到求解时间及求解结果的正确性,近年来各软件开发商都加大了其在网格处理方面的投入,使网格生成的质量和效率都有了很大的提高,但在有些方面却一直没有得到改进,如对三维实体模型进行自动六面体网格划分和根据求解结果对模型进行自适应网格划分,除了个别商业软件做得较好外,大多数分析软件仍然没有此功能。自动六面体网格划分是指对三维实体模型程序能自动地划分出六面体网格单元,现在大多数软件都能采用映射、拖拉、扫掠等功能生成六面体单元,但这些功能都只适用于简单规则模型,对于复杂的三维模型则只能采用自动四面体网格划分技术生成四面体单元。对于四面体单元,如果不使用中间节点,在很多问题中将会产生不正确的结果,如果使用中间节点将会引起求解时间、收敛速度等方面的一系列问题,因此人们迫切希望自动六面体网格功能的出现。自适应性网格划分是指在现有网格基础上,根据有限元计算结果估计计算误差,重新划分网格和再计算的一个循环过程。对于许多工程实际问题。在整个求解过程中,模型的某些区域将会产生很大的应变,引起单元畸变,从而导致求解不能进行下去或求解结果不正确,因此,必须进行网格自动重划分。自适应网格往往是许多工程问题(如裂纹扩展薄板成形等大应变)分析的必要条件。

4.5.3　非线性问题的高效求解

众所周知,非线性问题的求解是很复杂的,它不仅涉及很多专门的数学问题,还需要一定的理论知识和求解技巧,学习起来较为困难。为此,国外一些公司花费了大量的人力和物力开发非线性求解分析软件,如 ADINA、ABAQUS 等,它们的共同特点是具有高效的非线性求解器、丰富而实用的非线性材料库,ADINA 还同时具有隐式和显式两种时间积分方法。为了满足用户的需求,各软件开发商会提供给用户一个开放的环境,允许用户根据自己的实际情况对软件进行扩充,包括用户自定义单元特性、用户自定义材料本构、用户自定义流场边界条件、用户自定义结构断裂判据和裂纹扩展规律等,关注有限元的理论发展,采用最先进的算法技术,扩充软件的功能,提高软件性能以满足用户不断增长的需求。

4.5.4　橡胶弹性元件的流固耦合分析技术

橡胶有限元分析技术在其发展的初期主要用于求解非线性的结构问题。但随着有限元技术在应用领域的深入,新型橡胶弹性元件出现,如车用液压橡胶弹性元件、空气橡胶弹簧等,需要处理的工程问题也越来越复杂。结构非线性流体动力学和耦合场问题的数值仿真必定成为有限元分析的发展方向。

一般汽车悬架弹性元件只使用橡胶软垫,很难产生很大的振动阻尼。为了改善冲击等过大的振动,弹性元件必须具有很大的阻尼力,这就是液压式橡胶弹性元件,它同样可以降低高频时的悬架刚度,提高减振、降噪效果。图 4.23 所示为一液压橡胶弹性元件的结构示意。液压橡胶弹性元件用一个中心螺栓将一个普通的锥形橡胶垫固定在顶部,与隔板一起构成上腔。下腔由一个弹性皱皮膜和隔板构成,皱皮膜由一个固定盖保护,固定盖与皱皮膜构成与大气相通的气室。隔板上装有一个活动板。同时,隔板上开有小孔,阻尼缓冲液可由隔板上的小孔经上腔流到下腔。

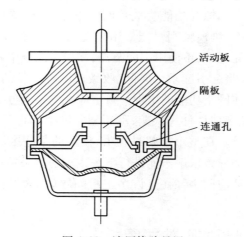

图 4.23　液压橡胶悬置

对于这类橡胶和流体共同作用的弹性元件,如果仅仅利用结构仿真分析技术进行结构刚度分析,就不能考虑液体流动对产品性能的影响。因此,这类产品的性能仿真分析就需要同时考虑橡胶变形和流体流动的物理特性,这就需要利用流固耦合仿真分析技术。

4.5.5　橡胶失效及疲劳分析的突破

机械产品在承受交变载荷或随机载荷作用时,材料的疲劳会导致其承载能力下降,对于金属材料,已经能够从金属材料的疲劳机理上研究材料的断裂情况,并且通过结构力学、塑性力学和断裂力学等理论和有限元分析技术、数据统计技术等,形成了一整套的材料疲劳断裂的理论和应用技术。但对于橡胶等高分子材料,由于其材料本身的特性以及金属橡胶制品受到工艺等诸多因素的影响导致性能的离散性较大,其疲劳寿命分析的理论模型尚没有很好的突破。如前文所述,目前对于橡胶疲劳寿命的预估往往还是定性的。今后需要继续通过大量的橡胶弹性元件疲劳试验和材料基础特性试验,积累橡胶弹性元件在服役过程中的可靠性数据,深入研究试验橡胶弹性元件的 $S-N$ 曲线,为橡胶弹性元件寿命预测提供基础数据。

第5章
橡胶弹性元件的试验

悬架橡胶元件由于其工作环境和应用范围,要求具有很好的力学性能,受应力大,耐大气老化。一般在无油环境下工作,在油、汽或间断接触油环境下工作的零件表面需涂防油油漆。

橡胶弹性元件的试验可分为试样试验(材料试验)和产品试验。

5.1 试样试验

除特别指定的温度外,试样试验原则上是在室温(23℃±2℃)状态下进行。

非标准试样所得的试验数据只能与相同尺寸及形状的试样上得到的数据相比较,而与标准试样上得到的数据无可比性。

5.1.1 硫化橡胶性能要求

为了了解橡胶产品的性能,开发性能更为优异的弹性元件,需要对橡胶的物理力学性能进行规定。在汽车底盘或悬架不同部位使用时,生产厂家往往选用不同材质(不同型号)的橡胶产品。某悬架用 A 型橡胶,其物理力学性能如表 5.1 所示。

表 5.1 某 A 型橡胶的物理力学性能

名　　称		A 型橡胶
国际硬度 IRHD		70±3
扯断强度/(N/mm^2),≥		16
撕裂强度/(N/mm),≥		45
滞后损失/%,≤		15
定负荷下压缩永久变形/%,≤		3
脆性温度/℃		−45
(70±2)℃×70h 热空气老化后最大变化	国际硬度变化 IRHD	+3
	撕裂强度变化/%	−20

选用该组胶料的零件,表面涂防油油漆时,应将零件放入(70±2)℃的发动机机油中,48h 后,检查防护层,不应出现裂纹、脱落、起泡等现象,零件体积增大不应超过 10%。

5.1.2　拉伸性能试验

硫化橡胶拉伸性能包括定伸强度、扯断强度、定应力伸长率、扯断伸长率及扯断永久变形；拉伸性能名词定义如下：

拉伸应力——拉伸试样所需的力与初始横截面积的比率。

定伸强度——试样的工作部分拉伸至给定的伸长时的拉伸应力。

扯断强度——试样拉伸至断裂时的最大拉伸应力。

伸长率——拉伸试样所引起的工作部分的形变，其值为伸长的增量与初始长度之比。

定应力伸长率——试样在给定应力下的伸长率。

扯断伸长率——试样在扯断时的伸长率。

扯断永久变形——将试样拉伸至断裂，再使其在自由状态下恢复一定时间后所剩余的变形，其值为工作部分伸长的增量与初始长度之比。

试样一般采用哑铃形或环形试样，环形试样由两个同心的圆形裁刀切出。哑铃形试样用裁刀切出。试样外形如图 5.1 所示。

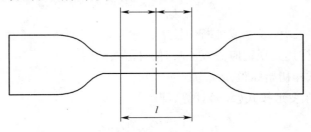

图 5.1　拉伸试样外形

图 5.1 中 l 部分为有效长度，标准哑铃形试样及环形试样的有效区的厚度公差为±0.1mm，用于测量厚度的厚度仪的精度应小于 0.05mm，在测量时施加在表面的压强为（200±20）g/cm^2。

下面以哑铃形试样为例，试验方法如下：

（1）试验应在（23±2）℃下进行。试样应在试验的环境温度中放置 3h。

（2）在进行试验前，在试样的狭小平行部分，用不影响试样物理性能的印色印两条平行标线，每条标线应与试样中心等距。

（3）应将其两端扩大部分夹入自紧夹具中，试样应在夹具中心位置。

（4）试验至少在 3 个试样上进行，哑铃形试样在试验中，如在两端有效区外断裂，数据应舍去。

（5）拉伸速度应为匀速，且为（500±50）mm/min。

（6）拉伸性能各指标测定。

① 定伸强度、扯断强度和扯断伸长率的测定。把试样置于夹持器的中心，开

动机器,记录试样拉伸到规定伸长率时的负荷、扯断时的负荷及扯断伸长率,绘制负荷—伸长曲线或应力—应变曲线。

② 定应力伸长率的测定。定应力伸长率可以从应力—应变曲线上查出。

③ 断裂永久变形的测定。将断裂的试样放置 3min,再把断裂的两部分吻合在一起,用精度 0.5mm 的量具测量吻合好的试样的标距,并计算永久变形值。

（7）试样结果计算。

① 定伸强度和扯断强度按式(5.1)计算,即

$$\sigma = \frac{F}{bd} \tag{5.1}$$

式中　σ——定伸强度或扯断强度,N/mm^2;

　　　F——试样所受的作用力,N;

　　　b——试样工作部分的宽度,mm;

　　　d——试样工作部分的厚度,mm。

② 定应力伸长率和扯断伸长率,按式(5.2)计算,即

$$\varepsilon = \frac{L - L_0}{L_0} \times 100\% \tag{5.2}$$

式中　ε——定应力伸长率或扯断伸长率,%;

　　　L——试样达到规定应力或扯断时的标距,mm;

　　　L_0——试样初始标距,mm。

③ 扯断永久变形按式(5.3)计算,即

$$H = \frac{L_1 - L_0}{L_0} \times 100\% \tag{5.3}$$

式中　H——扯断永久变形,%;

　　　L_1——试样扯断后停放 3min 对接起来的标距,mm;

　　　L_0——试样初始标距,mm。

（8）试样结果处理。将每个试样的试样结果按顺序排列,如所试验的样品数是奇数,取中间值作为试验结果。如果试样数是偶数,则取其中间值的算术平均值作为试验结果。

5.1.3　撕裂强度测试

《硫化橡胶或热塑性橡胶撕裂强度测定》(GB/T 529)中对于不同形状试样的撕裂强度测试有详细记述,这里仅圆弧形试样及其试验注意事项予以说明。

该试验要求,在圆弧形试样上割一定深度的口,将试样夹在拉力试验机上,以一定速度连续拉伸到撕断为止,读取力最大值,计算撕裂强度。割口扩展的速度并不直接与夹持器牵引速度有关。圆弧形试样尺寸如图 5.2 所示。

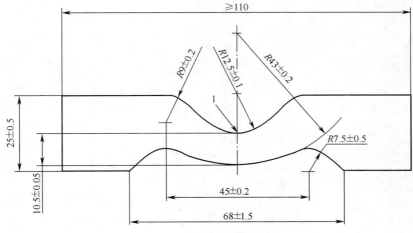

图 5.2　圆弧形试样尺寸

1—割口位置。

试验时应注意,在硫化与试验的间隔期间,试样应尽可能完全避免光照。试样应在(23±2)℃试验温度环境中至少放置 3h,并在此温度下进行试验。

试验方法及步骤:

(1) 把试样夹好,在夹持器以(500±10)mm/min 的速度进行时,机器对试样施加一个逐渐增加的牵引力,一直到试样断裂,记下最大载荷。

(2) 每次试验应做 3 个试样,取其结果的平均值。

(3) 如有一结果偏离平均值的 20%,则应再取 3 个试样进行试验,结果取另两个值及后面试验的 3 个值的平均值。

橡胶撕裂强度 T(kg/cm 或 N/mm)按式(5.4)计算,即

$$T_{max} = \frac{F}{d} \tag{5.4}$$

式中　F——试样撕裂时的最大作用力,kg 或 N;

　　　d——试样厚度,cm 或 mm。

5.1.4　压缩时的滞后损失试验

滞后损失指橡胶试样在压缩、回复时所损失的功(转化为热能)与压缩时所消耗的能(外力所做的功)之比的百分数。

试验温度:(23±2)℃。

试样规格:直径为 35mm,高度为 18mm 的圆柱形试样。试验负荷按照试验的硬度不同选择。试样应在试验温度下停放 24h。将试样装在压缩机上,以 0.1mm/s 的缓慢速度增加负荷,直至规定的试验负荷,在试验负荷处保持 30s 后,再以相同的速度卸去负荷,记录加载、卸载过程中不同负荷下的变形,并绘制出如图 5.3 所

示的负荷—变形曲线。

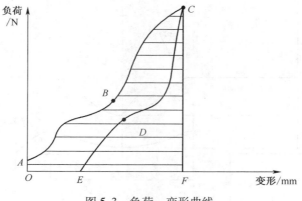

图 5.3　负荷—变形曲线

在图 5.3 中,曲线 ABC 为试样在加载过程中的负荷—变形曲线。

曲线 CDE 为试样在卸载过程中的负荷—变形曲线。

图形 $ABCFEO$ 的面积 S_1 与试样压缩时所消耗的功(外力所做的功)成比例。

图形 $EDCFE$ 的面积 S_2 与试样回复时所做的功成比例。

图形 $ABCDEOA$ 的面积 S_1-S_2 与试样在压缩、回复时所损失的功(转化为热量成比例)。

按式(5.5)计算滞后损失 I,即

$$I = \frac{S_1 - S_2}{S_1} \times 100\% \tag{5.5}$$

5.1.5　定负荷下压缩永久变形的测定

该试验是通过选择一定负荷对橡胶试样进行压缩,测定橡胶在规定的时间、温度内,保持其固有的弹性的能力。试验夹具如图 5.4 所示。

标准试样应为圆柱形,试样不应有气泡、杂质和损伤。试验时间可选用下列时间(h):24、48、72、120、144、168 或者 168 的倍数。根据试样的硬度值选择施加负荷。通过逐渐增加砝码使弹簧保持平衡,其轴线总是垂直于试样。用千分尺测量试样中心位置的高度(h_0)。到达规定的试验时间后,取出夹具,迅速将试样置于木板上,在自由状态下,放置 30min,然后测量试样压缩后的恢复高度(h_1)。试验后试样出现破裂,则该试样应舍去。试样数量不应少于 3 个,3 个试样的结果与平均值的偏差应在 5% 之间。定负荷下压缩永久变形 P 按式(5.6)计算,即

$$P = \frac{h_0 - h_1}{h_0} \times 100\% \tag{5.6}$$

式中　h_0——施加规定符合前试样高度;

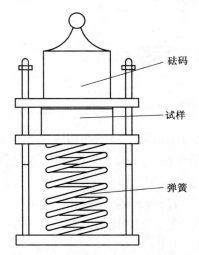

图 5.4　定负荷压缩下永久变形试验装夹

h_1——试验后试样恢复高度。

5.1.6　耐热空气试验

该试验主要测定橡胶热空气老化后物理或机械特性的变化。

试样应保存在阴暗中,温度不大于 30℃,硫化与试验间隔时间不少于 16h,存放期不超过 14d,试验的温度和时间如表 5.2 所列。

表 5.2　试验温度与时间对应表

时间/h	24	48	70	120	168	
温度/℃	70	100	125	150	175	200

试验一般按下述顺序进行:

(1)老化试验前测定试样的厚度。

(2)将老化箱调至所需要的温度,稳定后,把试样呈自由状态悬挂在老化箱中,每两个试样之间的距离不得小于 5mm,试样与箱壁之间的距离不得小于 70mm,当试验区域的温度分布不符合规定,可缩小试验区域,直至符合规定为止。

(3)将试样放入恒温的老化箱内,即开始计算时间,达到规定的老化时间时,立即取出。

(4)取出试样在温度(23±2)℃下停放 4~96h,并在这期间印上标线,按规定进行撕裂强度等性能测定。

试验结果用性能百分变化率表示,计算方法为

$$性能百分变化率 = \frac{A - B}{B} \times 100\% \tag{5.7}$$

式中　A——试样试验后的性能测定值;

B——试样试验前的性能测定值。

5.2 典型橡胶弹性元件产品试验

5.2.1 橡胶衬套试验

橡胶衬套是目前车辆应用最为广泛的减振降噪零件,在汽车悬架装置中主要起悬挂、传力、隔振、缓冲的作用。可承受径向、轴向双向载荷,实现扭转、偏转等变形,并适用悬架零件过定位的运动。图 5.5 所示是某轻型客车前悬架橡胶衬套,该衬套内外圈均为金属件,中间为橡胶体,橡胶体与金属内圈硫化在一起,与金属外圈过盈压配,因此具有较好的径向和扭转承载能力,同时橡胶体轴向采用翻边结构,对轴向冲击具有缓冲作用。

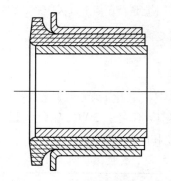

图 5.5　某轻型车前悬架橡胶衬套结构

（1）外观。橡胶表面应无气孔、裂纹、飞边等缺陷,金属件表面不应有划伤、飞边、保护层脱落、锈蚀等缺陷。

（2）尺寸及公差。总成的尺寸及公差应满足图纸。

（3）静态性能要求。扭转及径向刚度特性应符合图纸规定的曲线要求,允许误差在±15%内。

（4）按图 5.6 所示方式夹持加载,以频率 2Hz、扭转角为±D、径向载荷 P 的要求进行扭转疲劳台架试验,试验前需测量衬套总成与金属件与橡胶件之间的扭转力矩及径向加载刚度,经 10 万次循环试验后,橡胶不得有撕裂,扭转力矩下降不允许大于 40%,径向刚度下降不允许大于 20%。

5.2.2 限位块试验

悬架橡胶限位块主要用于悬架上跳限位用,尺寸较大的橡胶限位块还兼有悬架副簧的作用。

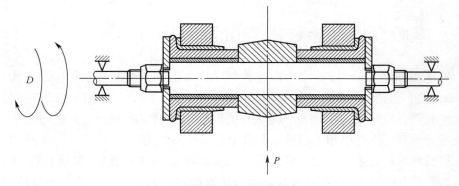

图 5.6　橡胶衬套疲劳试验装夹示意

（1）外观。外观检查应无气孔、撕裂等缺陷。

（2）尺寸及公差。总成的尺寸及公差应满足图纸。

（3）垂直压负荷—变形曲线（P-f 曲线）如图 5.7 所示，应符合图纸要求。

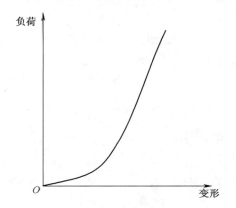

图 5.7　垂直向负荷—变形曲线

（4）疲劳试验。如图 5.8 所示，用合适的机构，在试件顶部加一交变压力。使试件压缩量从 $0\sim(1/2)S$ 之间变化（S 为橡胶本体高度），频率不大于 2Hz。最低疲劳寿命 20 万次循环。试验终了，样品无明显破坏，且 P-f 曲线衰变不大于 10%。

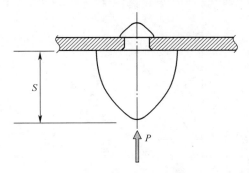

图 5.8　橡胶限位块疲劳加载示意

5.3 橡胶元件动态性能测试及分析

根据路面统计分析,在汽车高速行驶工况下,路面激励的频率范围为 0.1 ~ 100Hz,橡胶元件作为悬架与车身之间的重要承载结构部件,整车的振动特性与橡胶元件的动态性能紧密相关。准确地测试出悬架橡胶支承的动态刚度与阻尼,对于正确评价其工作性能和工程设计起着十分重要的作用。

橡胶材料具有较强的黏弹阻尼特性,简化模型如图 5.9 所示,实际上橡胶的动态行为非常复杂,包括橡胶材料的添加剂均影响着动态性能。由于橡胶材料特有的黏弹性特性,其动态性能对于测试设备、测试方法非常敏感,因此,橡胶元件的动态性能的测试技术与发展一直是橡胶工程领域中较活跃的研究分支[84,85,91,92]。

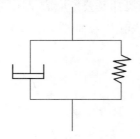

图 5.9 黏弹材料模型

橡胶元件动刚度是在动态加载中得到的,当物体受到外力作用产生变形时,应变迟滞于应力。令外力 $P = P_0 \sin\omega t$ 周变力时,则变形 $X = X_0 \sin(\omega t - \phi)$,其中 ω 为圆频率,ϕ 为滞后角,如将两式消去 ωt 项,则会得到力变形曲线,即椭圆曲线,如图 5.10 所示。

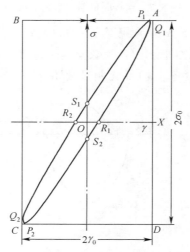

图 5.10 动态应力—变形曲线

$$\left(\frac{P}{P_0}\right)^2 - 2\left(\frac{P}{P_0}\right)\left(\frac{X}{X_0}\right)\cos\phi + \left(\frac{X}{X_0}\right)^2 - \sin^2\phi = 0 \tag{5.8}$$

曲线外接长方形 A、B、C、D 为切点,其坐标为

$A(X_0\cos\phi,P_0)$;$B(X_0,P_0\cos\phi)$;$C(-X_0\cos\phi,-P_0)$;$D(-X_0,-P_0\cos\phi)$

而 S、R 表示曲线与坐标轴的交点,它们的坐标为

　$R_1(X_0\sin\phi,0)$;$R_2(-X_0\sin\phi,0)$;$S_1(0,P_0\sin\phi)$;$S_2(0,-P_0\sin\phi)$

理论上,由上述各点可求出动刚度及滞后角,但由于实测的椭圆曲线误差大,操作性差,实际中并不采用此法[93]。

实践中动刚度由同时记录的载荷(力)波形、变形波形中求得,如图 5.11 所示,可得

$$\phi = 2\pi\frac{\Delta t}{T}$$

动刚度为

$$K = \frac{P_0}{X_0}\cos\phi$$

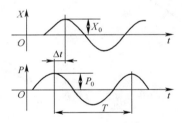

图 5.11　载荷波形曲线

对橡胶元件动态特性的测量,由于测试设备的不同、分析模型的不同,可以通过不同的分析方法,有曲线法、向量分析法[84]、回归法[94]、能量分析法[34]等,精确计算其动刚度和阻尼系数。

文献[95]介绍了橡胶弹性元件静态刚度和静态变形测试方法,文献[96]介绍了测试频率低于 25Hz 的非液压型元件的动态特性测试方法。

橡胶元件因其宏观力学性能表现为力与变形成非线性关系,动态刚度和阻尼系数随工作振动频率及振动振幅的变化而改变。由于振动频率与幅值对隔振元件的动态特性影响较大,要求各种通用或专用的测试设备具有良好的频率控制和振幅控制特性。同时,还要充分注意试验过程中的温度控制、预载要求、设备夹具的摩擦力影响等因素[91]。液压伺服试验机是测试橡胶隔振元件动态特性的理想设备,如图 5.12 所示。

图 5.12 SCHENCK 动态试验台

5.3.1 橡胶衬套动态试验及分析

试验是在德国 SCHENCK 公司的高频电液伺服激振台(图 5.12)上进行的,试验中测量了选定两个弹性衬套的径向动态特性。衬套 1 试验结果如图 5.13 所示。

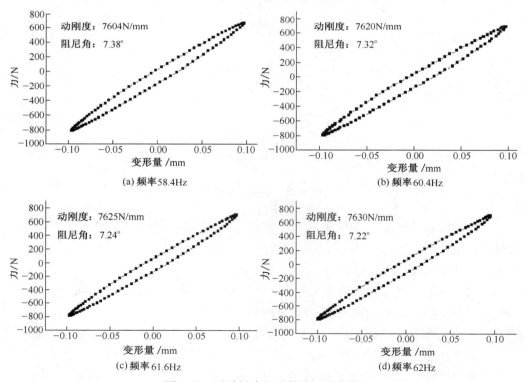

图 5.13 试验衬套 1 动特性试验曲线

(预载 500N,变形幅值 0.5mm)

橡胶的黏弹特性是非线性的,应力与应变之间不是简单的线性比例关系,特别是出现大应变的情况。工程实际应用中,动刚度和模量都依赖于应变,迟滞环往往不是理想的椭圆形,而会产生一定的形变。

　　试验中,首先从 1~100Hz 扫频,发现该试验衬套在频率 61.6Hz 附近出现的共振峰值,而在其他频率下动刚度的变化很小,并重点选定了 58~63Hz 进行详细研究,试验曲线和处理结果曲线如图 5.14 所示。

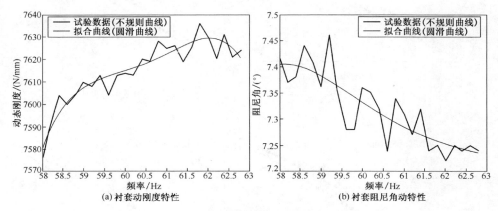

图 5.14　动刚度和阻尼角在频域内的变化

　　由图 5.14 可见,动态作用力和变形量之间的关系基本上保持了椭圆形迟滞环关系,计算得到在各频率下衬套动刚度和阻尼角的数值。图 5.14 给出了动刚度和阻尼角随频率变化的曲线。在稍稍滞后共振峰值 61.6Hz 处产生了最大的动刚度数值,说明衬套在这个频率下会出现相对发硬的情况。阻尼角随着频率增大而减小,说明力与变形之间的滞后减小了。

　　衬套 2 动特性试验曲线如图 5.15 所示。

　　试验中,首先从 1~100Hz 扫频,并重点选定了 10~14Hz 进行详细研究,试验曲线和处理结果曲线如图 5.15、图 5.16 所示。

　　由图 5.15 可见,动态作用力和变形量之间的关系基本保持了椭圆形迟滞环关系,计算得到在各频率下衬套动刚度和阻尼角的数值。图 5.16 给出了动刚度和阻尼角随频率变化的曲线。衬套动刚度随频率的增大而增大,阻尼角随着频率增大而减小,说明力与变形之间的滞后减小了。

　　在动刚度的试验中,德国 SCHENCK 公司的高频电液伺服激振台能够直接测出衬套传递的力,但在悬架系统中直接确定悬架系统通过橡胶衬套传递的力是非常困难的,韩国现代汽车公司的 Chang - Kook 等人[97]使用振动信号测量的方式,可以间接确定频域范围内的衬套刚度。

　　通过上面的分析,得到以下结论[19]:

　　(1)在低频范围内橡胶弹性衬套的动刚度变化很小,可看作是线性的。

　　(2)在较高频率范围内橡胶弹性衬套的动刚度随频率的增大而增大,出现在某个频率下发硬的现象。

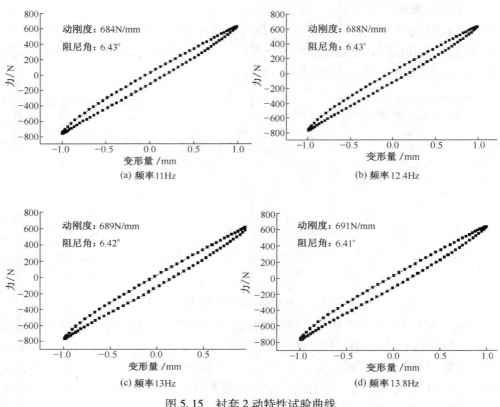

图 5.15　衬套 2 动特性试验曲线

（预载 1000N，变化幅值 1mm）

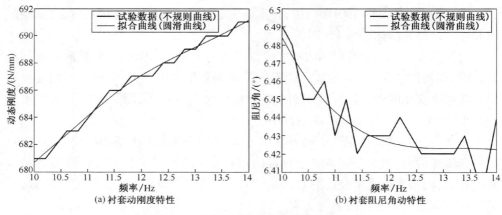

图 5.16　动刚度和阻尼角在频域内的变化

（3）橡胶弹性衬套的阻尼角在较高频率内随频率的增大而减小。

（4）不同橡胶弹性衬套的出现上述情形的频率范围是不同的，这受到橡胶元件几何参数、橡胶特性、元件结构等因素的影响。

5.3.2　与动态特性有关的因素

硫化橡胶的动态特性是一种物质常数,一般是随下列因素而变化的量。

（1）温度。

（2）频率。

（3）平均变形与变形振幅,或平均应力与应力振幅。

上述 3 个因素中,当要考查其中一种因素的影响,如温度影响时,需要使另外两种因素（振动数、平均变形和变形振幅）保持一定值进行试验。

这样用独立变量求得的动态特性,称为温度特性、频率特性、振幅依存性。

现在就变形振幅的影响稍加说明。因为变形振幅本身很小,剪切模量 G 与变形振幅无关的范围称为线性范围。在这个范围内,动态应力—变形曲线为椭圆形,而且椭圆长轴的斜率与长短轴之比不变。超过这个变形振幅,应力—变形曲线虽可看成是椭圆的,但椭圆长轴的斜率和长短轴之比有一个随变形振幅变化而变化的范围。换言之, G 虽然可给予定义,但 G 是处于一个与变形振幅有关的范围内,这种变形振幅范围叫做准线性范围。

如果变形振幅再大,则动态应力—变形曲线不再是椭圆的（如新月形）。在这个范围内 G 已不能给予定义,完全处于非线性范围。

橡胶配方中,天然橡胶和合成橡胶几乎都含有炭黑（增强性填充剂）。含炭黑的硫化橡胶的动态特性将随变形振幅而变化。这一变化将随炭黑含量的增加而增加。因此,在表示橡胶的动态特性时,除标出温度和振动频率外,指出振幅（或载荷振幅）是绝对必要的。

5.4　小结

试验测试手段,因其测试数据客观,而成为人们分析橡胶元件性能可靠的方法,但试验存在速度慢、成本高,不能在设计初期预测产品性能等不足。今后,仍然需要进一步发展低成本、高精度的快速测试技术,如研究使用电磁振动器的测试方法。使用计算机辅助设计时,需要大量的电子数据,如需要较大频率和输入位移范围内的刚度数据。因此有必要开发标准数据格式,以高效地处理这些数据,以便进一步满足产品开发、改进的需要。

第6章
橡胶衬套对悬架定位参数的影响

现代车辆的悬架系统中,除赛车和摩托车外,使用橡胶衬套等柔性连接的目的是隔振,另一个重要目的就是弹性运动学的需要。同时,橡胶弹性元件直接影响到汽车车轮定位参数。因此,本章将以 ADAMS 软件为工具,分析橡胶衬套刚度变化对悬架运动学特性的影响及衬套磨损后对于车轮定位参数的影响。

6.1 橡胶衬套刚度变化对悬架运动学特性的影响

悬架运动学是描述车轮上下跳动时车轮定位参数的变化过程。弹性运动学是在运动学的基础上,考虑各个刚体橡胶衬套的弹性作用,来描述车轮受到侧向力、纵向力或回正力矩作用时车轮定位参数的变化情况。

利用 ADAMS 软件建立麦弗逊悬架的多刚体运动学分析模型,如图 6.1 所示。

图 6.1　悬架模型

图 6.1 所示悬架的刚体之间连接有多个橡胶衬套。这里研究的是下摆臂和副车架之间的两个衬套,其中下摆臂与副车架连接垂直衬套开有减弱孔。在 ADAMS 虚拟环境进行两侧车轮平行跳动仿真,分析橡胶衬套刚度变化对车轮外倾角

（Camber_Angle）、主销内倾角（Kingpin_Inclination）、主销后倾角（Caster_Angle）和
车轮前束角（Toe_Angle）的影响。

在保持其他条件不变的情况下，改变下摆臂与副车架连接垂直衬套和下摆臂
与副车架连接水平衬套的刚度，比较改变前后悬架系统运动学特性的变化，从而得
出下摆臂橡胶衬套刚度影响悬架运动学特性的规律。

为了区别不同的衬套刚度，把原车的衬套刚度计为 Original；增大下摆臂与副车
架连接水平衬套的刚度，为原车的 2 倍，记为 front2；增大下摆臂与副车架连接垂直衬
套的刚度，为原车的 2 倍，记为 rear2；减小水平衬套的刚度，为原车的 0.5 倍，记为
front0.5；减小垂直衬套的刚度，为原车的 0.5 倍，为原车的 0.5 倍，记为 rear0.5[32]，以
此类推。

6.1.1　橡胶衬套刚度增大两倍时的悬架运动学仿真

由图 6.2 至图 6.5 可以看出，当水平衬套或者垂直衬套刚度增大到两倍，或者

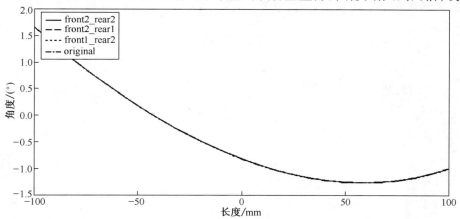

图 6.2　橡胶衬套刚度增大到两倍时的车轮外倾角

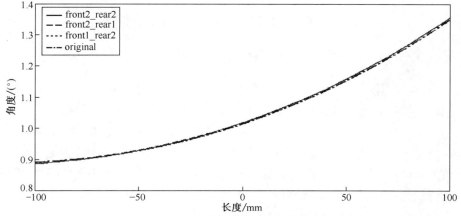

图 6.3　橡胶衬套刚度增大到两倍时的主销后倾角

同时增大到两倍时,悬架系统的运动学特性基本上没有发生变化。所以,悬架运动学特性对于下摆臂与副车架间的衬套的刚度不敏感。

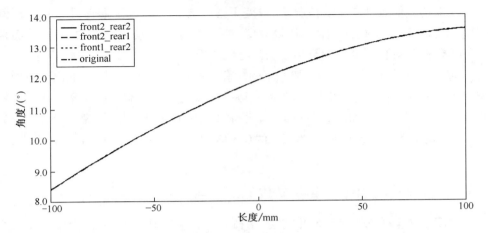

图 6.4　橡胶衬套刚度增大到两倍时的主销内倾角

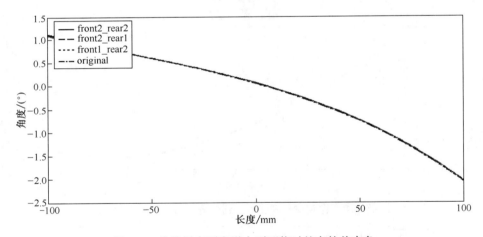

图 6.5　橡胶衬套刚度增大到两倍时的车轮前束角

6.1.2　橡胶衬套刚度减小 50% 时的悬架运动学仿真

由图 6.6 至图 6.9 可以看出,当水平衬套或者垂直衬套刚度减小 50%,或者同时减小 50% 时,悬架系统的运动学特性的变化明显。

由上面的分析可知,对于此悬架:增大下摆臂和副车架的连接衬套的刚度对悬架运动学特性的影响很小;减小下摆臂和副车架的连接衬套的刚度对悬架运动学特性的影响明显;当改变下摆臂和副车架的连接衬套的刚度时,对悬架系统的车轮外倾角和主销内倾角的影响较小,对主销后倾角和车轮前束角的影响较大[32]。

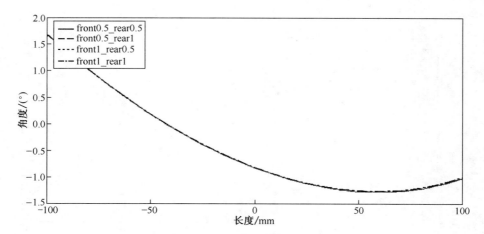

图 6.6　橡胶衬套刚度减小 50% 时的车轮外倾角

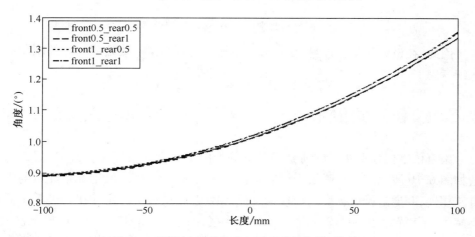

图 6.7　橡胶衬套刚度减小 50% 时的主销后倾角

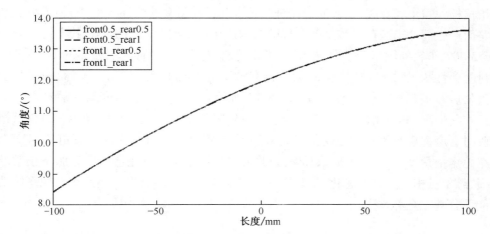

图 6.8　橡胶衬套刚度减小 50% 时的主销内倾角

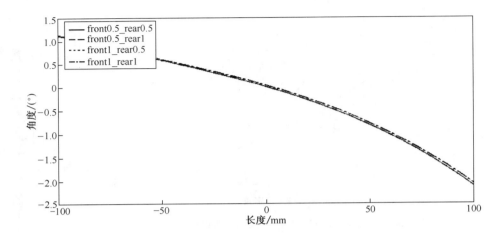

图 6.9　橡胶衬套刚度减小 50% 时的车轮前束角

因此,在设计悬架弹性衬套时,对于下摆臂与副车架连接处的衬套的刚度应该仔细考虑。

6.2　橡胶衬套磨损对于悬架车轮定位角的影响

南京依维柯轻型货车的前悬架是不等长的双横臂式扭杆弹簧独立悬架,其构造如图 6.10 所示。扭杆弹簧 1 纵向布置在车架纵梁的外侧,其前端借花键与上横臂 4 相连,并通过橡胶衬套与前横梁总成 3,后端通过花键固定在扭杆弹簧 1 固定支架中,下横臂 5 外端与转向节 6 球铰链连接,内端通过橡胶衬套与前横梁总成 3 连接。当车轮上、下跳动时,作用在车轮上的载荷经转向节和上横臂 4、下横臂 5 传给扭杆弹簧 1 和橡胶衬套,通过扭杆弹簧 1 和橡胶衬套的弹性变形,缓和了由不平路面产生的冲击载荷。该悬架总成的结构简化示意如图 6.11 所示,其主销内倾角 6°30′0″,车轮外倾角 1°。从图 6.11 可以看出,与上、下横臂内端相连的上、下橡胶衬套弹性状况对于车轮定位的保持起直接作用。现在通过作图法,考察橡胶衬套磨损后对于车轮定位角的影响。图 6.12 所示为上横臂橡胶衬套磨损后车轮定位角变化情况,其主销内倾角 7°34′18″,车轮外倾角 25′42″。图 6.13 所示为下横臂橡胶衬套磨损后车轮定位角变化情况,其主销内倾角 5°25′25″,车轮外倾角 2°34′35″。车轮定位角度变化从 25%~230%,如此大的车轮定位角变化会导致轮胎不正常磨损,悬架机构受力状况恶化,从而进一步引发橡胶衬套的磨损。使汽车悬架系统功能部分甚至全部丧失。

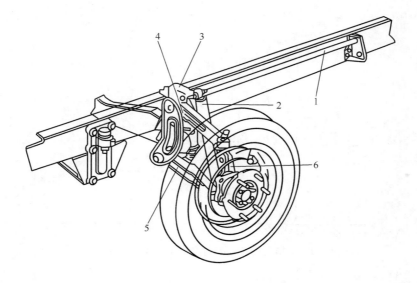

图 6.10　南京依维柯轻型货车前悬架

1—扭杆弹簧；2—减振器；3—前横梁总成；

4—上横臂；5—下横臂；6—转向节。

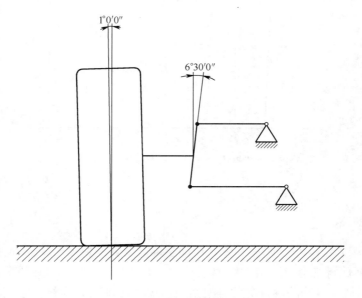

图 6.11　双横臂结构简化示意图

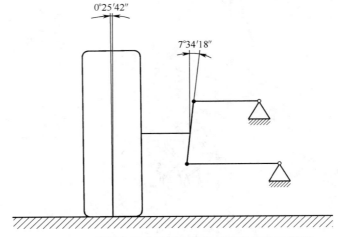

图 6.12 上横臂内端连接衬套磨损后车轮定位示意图

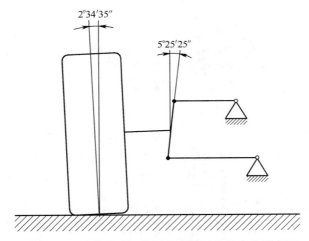

图 6.13 下横臂内端连接衬套磨损后车轮定位示意图

6.3 小结

在车辆设计中,根据隔振和弹性运动学的需要普遍使用了橡胶弹性衬套连接。这种橡胶弹性衬套会对悬架系统的运动学产生影响,从而影响到整车性能。本章中,借助 ADAMS 软件,进行某前悬架系统运动学仿真",认为衬套刚度对悬架运动学特性会产生影响,尤其与副车架连接处弹性衬套的刚度减弱时对悬架系统的运动学特性会产生不小的影响,设计时需要注意。同时,橡胶衬套的可靠性也是非常重要的,对 IVECO 汽车前悬架作图分析,认为如果橡胶衬套磨损之后,对车轮定位角度变化从25%到230%,从而导致悬架受力状况恶化,影响悬架机构功能的发挥。

第 7 章
基于弹性运动学的悬架橡胶衬套刚度优化设计

悬架设计中用橡胶衬套等柔性连接满足车辆减振降噪的需要,并获得所需要的悬架运动学特性,这些柔性的弹性连接允许悬架部件在外力的作用下产生微小的变形,从而改变悬架的性能。由于橡胶衬套这类柔性连接的使用,一方面增加了设计分析的复杂性,同时,也为根据需要对悬架性能进行精确设计提供了可能。在设计橡胶元件时,可以在不同方向上具有不同的力学特性,利用这种各向异性的特点,可以满足汽车不同特性的要求。

本章从悬架弹性运动学的角度出发,运用 ADAMS 软件,建立某轿车空间多连杆后悬架仿真模型,研究悬架橡胶衬套各向刚度的优化设计方法及流程,改进橡胶衬套的各向刚度指标,从而获得更为良好的悬架运动学特性。

本章所研究的橡胶衬套刚度均指处于悬架初始位置时静态刚度值。

7.1 优化计算方法介绍

7.1.1 概述

汽车悬架系统的优化是一个比较典型的工程上约束非线性规划问题,求解这类问题的方法称为约束优化方法。一般根据对约束条件处理方法的不同,可将它分为两类:一是直接从可行域中寻找出它的约束最优解,称为约束优化问题的直接解法;二是将复杂的约束优化问题转化为一系列简单的容易解决的子问题,用这一系列子问题的解去逼近原问题的解,称为约束优化问题的间接解法。

例如,网格法、随机试验法及复合形法都属于直接解法。这类方法的优点是,算法简单,直观性强,对函数无特殊要求;其缺点是,计算量大,收敛慢,因而其效率低。这类方法只适用于维数低、函数复杂,要求精度不高的问题,而对于维数较高的问题,则会因计算时间随维数的增高而加长很多。故这类方法就不适用了。而在本章多连杆后悬架基于仿真模型的优化中,涉及 48 个优化设计变量、具有 48 个不等式约束条件的非线性最小化最优问题的数学模型。为此,应采用优化的间接解法,以达到高的优化精度和快的计算效率。

间接解法的种类较多,如可行方向法、简约梯度法、广义简约梯度法、罚函数法、广义乘子法、序列线性规划算法、序列二次规划算法等。其中序列二次规划算法、广义简约梯度法及广义乘子法被誉为解决约束非线性规划问题的最优秀的计算方法。

在数学规划中,线性规划、无约束极值问题和二次规划是较为简单且研究得较为充分的分支,它们的理论及算法都已相当成熟。约束非线性规划问题的间接解法的基本策略,就是将复杂的约束非线性规划问题转化成这3种数学规划中的某一种。

可行方向法、序列线性规划算法等所采取的策略就是构造某种形式的线性规划子问题;而简约梯度法、广义简约梯度法、罚函数法、广义乘子法则是将约束优化问题转化为无约束优化问题求解;序列二次规划算法则采取构造二次规划子问题的方法。

在某多连杆后悬架基于仿真模型的优化中,所涉及的优化问题应是较复杂的非线性规划问题。因此,采用合适的间接解法对优化设计工作是相当重要的。ADAMS 软件中对于优化设计带有几种间接解法。而序列二次规划(Sequential Quadratic Programming,SQP)算法除利用函数和函数的一阶导数信息外,还利用函数二阶导数信息,因而在优化迭代时收敛速度更快、效率更高。本书在某多连杆后悬架基于仿真模型的优化中,采用 SQP 算法进行优化计算。下面对 SQP 算法原理作简单的分析[98]。

7.1.2　序列二次规划算法

二次规划问题是最简单的非线性规划问题,其目标函数是二次函数,而约束是线性函数。由于二次规划问题的求解方法比较成熟,人们就企图将较困难的一般非线性约束优化问题转化为较容易的序列二次规划子问题。

SQP 算法的基本思想是,每个迭代点 $x^{(k)}$,构造一个二次规划子问题,以这个子问题的解,作为迭代的搜索的方向 $s^{(k)}$,并沿该方向 $s^{(k)}$ 按照迭代 $x^{(k+1)} = x^{(k)} + \alpha_k s^{(k)}$ 进行一维搜索,使 $x^{(k+1)}(k=0,1,\cdots)$ 最终逼近约束优化问题的解 x^*。

1. 等式约束下的二次规划子问题的形成

考虑等式约束的非线性规划问题

$$\begin{cases} \min f(x) \ x \in \mathbf{R}^n \\ \text{s. t.} \ \ c_i(x) = 0 \quad i = 1,2,\cdots,m \end{cases} \tag{7.1}$$

将式(7.1)用拉格朗日函数表示为 $L(x,\boldsymbol{\lambda}) = f(x) + \sum_{i=1}^{m} \lambda_i c_i(x)$,其中,$\boldsymbol{\lambda} = [\lambda_1,\lambda_2,\cdots,\lambda_m]^{\text{T}}$ 是拉格朗日乘子向量。根据函数的一阶导数和二阶导数的定

义,可求得以下变量,即

$$\nabla f(x) = \left[\frac{\partial f(x)}{\partial x_1}, \frac{\partial f(x)}{\partial x_2}, \cdots, \frac{\partial f(x)}{\partial x_n}\right]^{\mathrm{T}}$$

$$\nabla c_i(x) = \left[\frac{\partial c_i(x)}{\partial x_1}, \frac{\partial c_i(x)}{\partial x_2}, \cdots, \frac{\partial c_i(x)}{\partial x_n}\right]^{\mathrm{T}} (i = 1, 2, \cdots, m)$$

$$\nabla_x L(x, \boldsymbol{\lambda}) = \left[\frac{\partial L(x, \lambda)}{\partial x_1}, \frac{\partial L(x, \lambda)}{\partial x_2}, \cdots, \frac{\partial L(x, \lambda)}{\partial x_n}\right]^{\mathrm{T}}$$

$$\boldsymbol{H} = \nabla_x^2 L(x, \boldsymbol{\lambda}) = \begin{bmatrix} \frac{\partial^2 L(x, \lambda)}{\partial x_1^2} & \frac{\partial^2 L(x, \lambda)}{\partial x_1 \partial x_2} & \cdots & \frac{\partial^2 L(x, \lambda)}{\partial x_1 \partial x_n} \\ \vdots & \vdots & & \vdots \\ \frac{\partial^2 L(x, \lambda)}{\partial x_n \partial x_1} & \frac{\partial^2 L(x, \lambda)}{\partial x_n \partial x_2} & \cdots & \frac{\partial^2 L(x, \lambda)}{\partial x_n^2} \end{bmatrix}$$

式中,∇ 表示函数对 x 的偏导数,其中拉格朗日函数对 x 的一阶偏导数也可以由

$L(x, \boldsymbol{\lambda}) = f(x) + \sum\limits_{i=1}^{m} \lambda_i c_i(x)$ 求得,即

$$\nabla_x L(x, \boldsymbol{\lambda}) = \nabla f(x) + \sum_{i=1}^{m} \lambda_i \nabla c_i(x) \tag{7.2}$$

由以上各式,可将拉格朗日函数在 $x^{(k)}$ 的二阶泰勒展开式及 $c_i(x)(i = 1, 2, \cdots, m)$ 在点 $x^{(k)}$ 的一阶泰勒展开式表示为

$L(x^{(k+1)}, \lambda^{(k)}) = L(x^{(k)}, \lambda^{(k)}) + \nabla_x L(x^{(k+1)}, \lambda^{(k)})(x^{(k+1)} - \lambda^{(k)}) + 1/2$
$(x^{(k+1)} - \lambda^{(k)})^{\mathrm{T}} \boldsymbol{H}^{(k)}(x^{(k+1)} - x^{(k)}) c_i(x^{(k+1)}) = c_i(x^{(k)}) + [\nabla c_i(x^{(k)})]^{\mathrm{T}}(x^{(k+1)} - x^{(k)})$ $i = 1, 2, \cdots, m$

$$\tag{7.3}$$

如令 $s^{(k)} = x^{(k+1)} - x^{(k)}$,并考虑到约束条件 $c_i(x)(i = 1, 2, \cdots, m)$,根据式(7.3)应有

$$c_i(x^{(k+1)}) = c_i(x^{(k)}) + [\nabla c_i(x^{(k)})]^{\mathrm{T}} s^{(k)} = 0 \tag{7.4}$$

将式(7.2)、$s^{(k)} = x^{(k+1)} - x^{(k)}$ 代入式(7.3)得

$$L(x^{(k+1)}, \lambda^{(k)}) = f(x^{(k)}) + \sum_{i=1}^{m} \lambda_i^{(k)} [c_i(x^{(k)}) + (\nabla c_i(x))^{\mathrm{T}} s^{(k)}] +$$
$$[\nabla f(x^{(k)})]^{\mathrm{T}} s^{(k)} + 1/2 (s^{(k)})^{\mathrm{T}} \boldsymbol{H}^{(k)} s^{(k)} \tag{7.5}$$

若式(7.4)成立,则式(7.5)中的第二项应为零,于是式(7.5)可简化为

$$L(x^{(k+1)}, \lambda^{(k)}) = f(x^{(k)}) + [\nabla f(x^{(k)})]^{\mathrm{T}} s^{(k)} + 1/2 (s^{(k)})^{\mathrm{T}} \boldsymbol{H}^{(k)} s^{(k)} \tag{7.6}$$

现将式(7.6)中的 $s^{(k)}$ 向量作为自变量,略去常数项,并考虑到式(7.6)成立的前提条件是式(7.4)成立,得二次规划子问题 QP 为

$$\begin{cases} \min QP(s^{(k)}) = [\nabla f(x^{(k)})]^{\mathrm{T}} s^{(k)} + 1/2 (s^{(k)})^{\mathrm{T}} \boldsymbol{H}^{(k)} s^{(k)} \\ \mathrm{s.\,t.} \qquad c_i(x^{(k)}) + [\nabla c_i(x^{(k)})]^{\mathrm{T}} s^{(k)} = 0 \quad i = 1, 2, \cdots m \end{cases} \tag{7.7}$$

2. 序列二次规划算法原理

若令 $\boldsymbol{c}(x) = [c_1(x), c_2(x), \cdots, c_m(x)]^T$,则可将等式约束非线性规划问题(式(7.1))写为

$$\begin{cases} \min & f(x) \quad x \in \mathbf{R}^n \\ \text{s. t.} & \boldsymbol{c}(x) = 0 \end{cases} \tag{7.8}$$

相似地,二次规划子问题(式(7.7))可写为

$$\begin{cases} \min QP(\boldsymbol{s}^{(k)}) = [\nabla f(x^{(k)})]^T \boldsymbol{s}^{(k)} + 1/2(\boldsymbol{s}^{(k)}) \boldsymbol{H}^{(k)} \boldsymbol{s}^{(k)} \\ \text{s. t.} \ c(x^{(k)}) + [\nabla c(x^{(k)})]^T \boldsymbol{s}^{(k)} = 0 \end{cases} \tag{7.9}$$

其中,$\nabla c(x) = [\nabla c_1(x), \nabla c_2(x), \cdots, \nabla c_m(x)]^T$。由等式约束优化问题的极值存在的必要条件,得到等式约束非线性规划问题(式(7.8))极值存在的一阶必要条件是

$$\begin{cases} \nabla_x L(x^*, \boldsymbol{\lambda}^*) = \nabla f(x^*) + (\boldsymbol{\lambda}^*)^T \nabla c(x^*) = 0 \\ \nabla_\lambda L(x^*, \boldsymbol{\lambda}^*) = c(x^*) = 0 \end{cases} \tag{7.10}$$

这是一个非线性方程组,其变量为 $x^* \in \mathbf{R}^n$、$\lambda^* \in \mathbf{R}^m$,因而此问题包含 $n+m$ 个设计变量和 $n+m$ 个方程。可以采用牛顿法解这个非线性方程组。牛顿法解非线性方程组的实质是在每一个迭代点 $x^{(k)}$ 将非线性方程组线性化,从而将求解非线性方程组的问题转化为求解一系列线性方程组,并使这一系列线性方程组的解逼近非线性方程组的解。非线性方程组(7.10)中的变量为 $x \in \mathbf{R}^n$、$\lambda \in \mathbf{R}^m$。为了方便起见,将式(7.10)改写为

$$\begin{cases} \boldsymbol{\varphi}(x, \boldsymbol{\lambda}) = \nabla f(x) + \boldsymbol{\lambda}^T \nabla c(x) = 0 \\ P(x, \boldsymbol{\lambda}) = c(x) = 0 \end{cases} \tag{7.11}$$

据此,可求得

$$\begin{cases} \nabla_x \boldsymbol{\phi}(x, \boldsymbol{\lambda}) = \nabla^2 f(x) + \boldsymbol{\lambda}^T \nabla^2 c(x) \\ \nabla_\lambda \boldsymbol{\phi}(x, \boldsymbol{\lambda}) = \nabla c(x) \\ \nabla_x P(x, \boldsymbol{\lambda}) = \nabla c(x) \\ \nabla_\lambda P(x, \boldsymbol{\lambda}) = 0 \end{cases} \tag{7.12}$$

式中 ∇_x——函数对 x 的偏导数;

∇_λ——函数对 $\boldsymbol{\lambda}$ 的偏导数。

式(7.11)的一阶泰勒展开式为

$$\boldsymbol{\phi}(x^{(k+1)}, \boldsymbol{\lambda}^{(k+1)}) = \boldsymbol{\phi}(x^{(k)}, \boldsymbol{\lambda}^{(k)}) + [x^{(k+1)} - x^{(k)}]^T \nabla_x \boldsymbol{\phi}(x^{(k)}, \boldsymbol{\lambda}^{(k)}) +$$
$$(\boldsymbol{\lambda}^{(k+1)} - \boldsymbol{\lambda}^{(k)}) \nabla_\lambda \boldsymbol{\phi}(x^{(k)}, \boldsymbol{\lambda}^{(k)})$$

$$P(x^{(k+1)}, \boldsymbol{\lambda}^{(k+1)}) = P(x^{(k)}, \boldsymbol{\lambda}^{(k)}) + [x^{(k+1)} - x^{(k)}]^T \nabla_x P(x^{(k)}, \boldsymbol{\lambda}^{(k)}) +$$
$$(\boldsymbol{\lambda}^{(k+1)} - \boldsymbol{\lambda}^{(k)}) \nabla_\lambda P(x^{(k)}, \boldsymbol{\lambda}^{(k)})$$

将式（7.11）、式（7.12）代入以上两式，并令 $\boldsymbol{H}^{(k)} = \nabla^2 f(\boldsymbol{x}^{(k)}) + [\boldsymbol{\lambda}^{(k)}]^{\mathrm{T}}$ $\nabla^2 c(\boldsymbol{x}^{(k)})$，$\boldsymbol{s} = \boldsymbol{x}^{(k+1)} - \boldsymbol{x}^{(k)}$，$\boldsymbol{u} = \boldsymbol{\lambda}^{(k+1)}$，则可得到

$$\begin{cases} \boldsymbol{s}^{\mathrm{T}} \boldsymbol{H}^{(k)} + \boldsymbol{u}^{\mathrm{T}} \nabla c(\boldsymbol{x}^{(k)}) = -\nabla f(\boldsymbol{x}^{(k)}) \\ \boldsymbol{s}^{\mathrm{T}} \nabla c(\boldsymbol{x}^{(k)}) = -\nabla c(\boldsymbol{x}^{(k)}) \end{cases} \tag{7.13}$$

显然，这样求解非线性方程组(7.10)是异常困难的。可考虑采用序列二次规划法，即构造一系列二次规划子问题如式(7.9)，用二次规划子问题的解去逼近原优化问题的解。根据等式约束优化问题的极值存在的必要条件可知，二次规划子问题的最优解存在的一阶必要条件是

$$\nabla_s L(s, \boldsymbol{\lambda}^{(k)}) = \nabla f(\boldsymbol{x}^{(k)}) + \boldsymbol{s}^{\mathrm{T}} \boldsymbol{H}^{(k)} + [\boldsymbol{\lambda}^{(k)}]^{\mathrm{T}} \nabla c(\boldsymbol{x}^{(k)}) = 0$$

$$\nabla_\lambda L(s, \boldsymbol{\lambda}^{(k)}) = c(\boldsymbol{x}^{(k)}) + \boldsymbol{s}^{\mathrm{T}} \nabla c(\boldsymbol{x}^{(k)}) = 0$$

令 $\boldsymbol{u} = \boldsymbol{\lambda}^{(k)}$，则上式可写为

$$\begin{cases} \boldsymbol{s}^{\mathrm{T}} \boldsymbol{H}^{(k)} + \boldsymbol{u}^{\mathrm{T}} \nabla c(\boldsymbol{x}^{(k)}) = -\nabla f(\boldsymbol{x}^{(k)}) \\ \boldsymbol{s}^{\mathrm{T}} \nabla c(\boldsymbol{x}^{(k)}) = -\nabla c(\boldsymbol{x}^{(k)}) \end{cases} \tag{7.14}$$

比较式(7.13)、式(7.14)可知，二式是完全等价的，因此，一系列这样的二次规划子问题的解将逼近等式约束问题(式(7.8))的解。

3.　不等式约束下的二次规划子问题

考虑一般形式的非线性约束优化问题

$$\begin{cases} \min\ f(x)\ x \in R^n \\ \mathrm{s.t.}\ c_i(x) = 0\ i \in E \\ c_i(x) \leqslant 0\ \ i \in I \end{cases} \tag{7.15}$$

式中：符号 E 表示等式约束条件的下标 $i = 1, 2, \cdots, m$ 的集合；符号 I 表示不等式约束条件的下标 $i = m + 1, \cdots, p$ 的集合。仿式(7.4)可得到不等式约束 $c_i(x) \leqslant 0$（$i \in I$）在点 $x^{(k)}$ 的一阶泰勒展开式为

$$c_i(x^{(k+1)}) = c_i(x^{(k)}) + [\nabla c_i(x)]^{\mathrm{T}} s^{(k)} \leqslant 0 \tag{7.16}$$

在优化迭代过程中，随着迭代点 $x^{(k)}$ 的变化，不等式约束集合中的起作用约束及其个数也会发生变化。为此，可在每次迭代后对不等式约束进行判断，保留其中的起作用约束，除掉其他约束，这样就将不等式约束问题转化成等式约束问题，因而仍可形成二次规划子问题(式(7.9))。若考虑到式(7.16)，可将不等式约束下的二次规划子问题 QP 写成

$$\begin{cases} \min QP(s) = [\nabla f(x^{(k)})]^{\mathrm{T}} s + 1/2 s^{\mathrm{T}} \boldsymbol{H}^{(k)} s \\ \mathrm{s.t.}\ c_i(x^{(k)}) + [\nabla c_i(x^{(k)})]^{\mathrm{T}} \boldsymbol{s}\quad s = 0, i \in E \\ c_i(x^{(k)}) + [\nabla c_i(x^{(k)})]^{\mathrm{T}} s\ s \leqslant 0, i \in I \end{cases} \tag{7.17}$$

4.　序列二次规划求解步骤

在序列二次规划算法中，拉格朗日函数的二阶导数矩阵 $\boldsymbol{H}^{(k)}$ 不是直接计算出

来的,而是采用 BFGS 变尺度法逐渐形成 $\boldsymbol{H}^{(k)}$。其具体做法是:先用一对称正定矩阵 $\boldsymbol{B}^{(k)}$ 近似地代替,然后在迭代过程中不断修正,最终逼近 $\boldsymbol{H}^{(k)}$。这样,序列二次规划算法的具体步骤可概述如下:

(1)给定初始值 $x^{(0)}$、$\boldsymbol{\lambda}^{(0)}$、$\alpha_0$ 及 n×n 正定对称矩阵 $\boldsymbol{B}^{(0)}$ 及允许误差 ε_1(或 ε_2、ε_3)。

(2)根据式(7.17),在点 $x^{(k)}$ 构造一个二次规划子问题 QP。

(3)求解二次规划子问题 QP,并确定新的拉格朗日乘子向量 $\boldsymbol{\lambda}^{(k+1)}$ 和搜索方向 $\boldsymbol{s}^{(k)}$。

(4)确定步长因子 $\boldsymbol{\alpha}_k$,求得新的迭代点 $x^{(k+1)} = x^{(k)} + \alpha_k \boldsymbol{s}^{(k)}$。

(5)检验是否满足收敛判别准则,若满足 $\parallel \nabla_x L(x^{(k+1)}, \boldsymbol{\lambda}^{(k+1)}) \parallel \leqslant \varepsilon_1$ 或同时满足 $c_i(x^{(k+1)}) \leqslant \varepsilon_2 (i = 1, 2, \cdots, p)$ 和 $|f(x^{(k+1)}) - f(x^{(k)})| / |f(x^{(k)})| \leqslant \varepsilon_3$ 则停止计算,输出最优结果;否则转步骤(6)。

(6)采用 BFGS 变尺度法,修正 $\boldsymbol{H}^{(k)}$ 的近似矩阵 $\boldsymbol{B}^{(k)}$,得到 $\boldsymbol{B}^{(k+1)}$,并令 $k \Leftarrow k + 1$,返回步骤(2)。

7.2 基于弹性运动学的悬架橡胶衬套刚度优化设计

7.2.1 多连杆后悬架模型的建立

图 7.1 所示为某轿车多连杆左后悬架几何结构示意,该悬架采用 5 根连杆将车轮转向节与车身连接起来,连杆的内端 P_1 至 P_5 及外端 A、B、C 点均采用橡胶衬套连接,仅 D 点采用球铰连接。首先建立汽车整车坐标系,定义 X 轴平行于地面指向后方,Z 轴指向上方,Y 轴指向驾驶员的右侧。左、右前轮中心连线的中点为整车坐标零点。悬架的各连接点的整车坐标如表 7.1 所列。

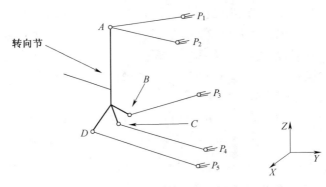

图 7.1 多连杆后悬架几何示意

表 7.1　多连杆后悬架连接点的坐标值(单位:mm)

连接点	X 坐标	Y 坐标	Z 坐标
P_1	2738.3	−574.9	464.5
P_2	2984.0	−540.2	467.3
A	2831.5	−769.1	507.8
P_3	2511.6	−570.5	71.0
P_4	2863.5	−366.8	6.5
P_5	2995.2	−346.4	86.3
D	2970.4	−683.4	91.3
C	2823.7	−712.2	2.9
B	2744.4	−716.0	2.3

　　根据悬架几何模型,考虑到各铰接点处的橡胶衬套实际安装方向,车轮半径为 294mm,车轮总成的总质量为 28kg,弹簧刚度为 36N/mm,运用多体系统动力学仿真软件 ADAMS 建立该悬架的优化仿真模型如图 7.2 所示。

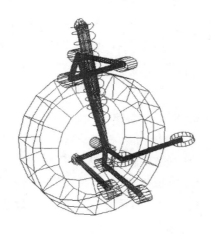

图 7.2　多连杆后悬架 ADAMS 模型

　　橡胶衬套的连体坐标系如图 3.1 所示,橡胶衬套各向刚度分别指 X、Y 径向,Z 轴向刚度,同时分别绕 X、Y、Z 轴 3 个方向的扭转刚度,这样,每个橡胶衬套共计输入 6 个方向的刚度指标。将该悬架的 8 个橡胶衬套的各向刚度按序建立设计变量,共计 6 ×8 = 48 个设计变量,设计变量初始值由各橡胶衬套进行台架测试而获得,变量范围取±50%。为简明方便起见,将悬架橡胶衬套及设计变量进行编号,见表 7.2。

表 7.2　橡胶衬套编号及设计变量编号表

连接点	P_1	P_2	A	B	C	P_3	P_4	P_5
衬套编号	1 号	2 号	3 号	4 号	5 号	6 号	7 号	8 号
设计变量编号	DV_1 ~ DV_6	DV_7 ~ DV_12	DV_13 ~ DV_18	DV_19 ~ DV_24	DV_25 ~ DV_30	DV_31 ~ DV_36	DV_37 ~ DV_42	DV_43 ~ DV_48
备注	各衬套设计变量编号的次序按照 X 径向，Y 径向，Z 轴向，绕 X、Y、Z 扭转，坐标系见图 3.1							

7.2.2　优化分析及流程

1. 优化分析流程及统一目标函数的确定

悬架弹性运动学指考虑橡胶衬套的弹性作用，研究车轮定位参数与车轮跳动量之间关系的影响。现代汽车对于后悬架运动学要求如下[40]：

① 车轮在上下跳动时，最小的前束角变化。

② 车轮在上下跳动时，外倾角变化尽可能小。

③ 车轮在上下跳动时，轮距变化尽可能小。

按照上述要求，在车轮上下跳动过程中，车轮前束角、外倾角及轮距变化量要求最小。这是一个多目标优化设计问题，优化设计流程见图 7.3。

图 7.3　优化设计流程

首先确定统一目标函数 $f(X)$，在将分目标函数组合成统一目标函数的过程中，参照文献[99]，又有多种方法，如加权组合法、目标规划法、功效系数法、乘除法等。这里，笔者采用目标规划法。该方法基本思路如下：先分别求出各个分目标函数 $f_j(X)$ $(j = 1,2,3)$ 的最优值 $f_j(X^*)$ $(j = 1,2,3)$，然后根据多目标函数最优化设计的总体要求，分别对 $f_j(X^*)$ 数值做适当调整，得出各个分目标函数理想的最优值 $f_j^{(0)}(j = 1,2,3)$。则统一目标函数 $f(X)$ 可按以下的平方和法来构成，即

$$f(X) = \sum_{j=1}^{3} \left[\frac{f_j(X) - f_j^{(0)}}{f_j^{(0)}} \right]^2 \quad j = 1,2,3 \quad (7.18)$$

式中，当分目标函数 $f_j(X)$ $(j = 1,2,3)$ 分别达到各自的理想最优值 $f_j^{(0)}$ $(j = 1,2,3)$ 时，统一目标函数 $f(X)$ 为最小。

2. 灵敏度分析简介

为了有效地进行参数的优化设计与修改，必须了解哪些设计变量对目标函数的影响最大，即研究目标函数对设计变量的敏感程度，进行灵敏性分析。从而可以

选择对目标函数贡献较大的变量参与优化计算,提高优化计算的效率。灵敏度数学方程如下:

若函数可导,其一阶灵敏度在连续系统可表示为

$$S = \frac{\partial f(X)}{\partial X_i} \tag{7.19}$$

或在离散系统可表示为

$$S = \frac{\Delta f(X)}{\Delta X_i} \tag{7.20}$$

前者称为一阶微分灵敏度,后者称为一阶差分灵敏度。

3. 单目标灵敏度及优化分析

利用 ADAMS 软件的函数编辑器功能(function builder),根据车轮前束角、外倾角、轮距的物理概念,分别建立前束角 $f_1(X)$ 、外倾角 $f_2(X)$ 和轮距 $f_3(X)$ 的分目标函数。

首先进行单目标灵敏度分析,根据灵敏度分析结果选择每个单目标优化时的设计变量,最终参与单目标优化计算的设计变量如表 7.3 所列。

表 7.3　单目标优化时所选设计变量列表

单目标函数	根据灵敏度分析结果,参与单目标优化设计的变量
前束角 $f_1(X)$	DV_1、DV_3、DV_9、DV_13、DV_21、DV_33、DV_43
外倾角 $f_2(X)$	DV_1、DV_13、DV_19、DV_27、DV_31、DV_32、DV_33、DV_37、DV_39、DV_43
轮距 $f_3(X)$	DV_3、DV_9、DV_15、DV_31、DV_39

然后,进行单目标优化分析,分别以各分目标函数的最大绝对值最小为目标,固定另外两个目标函数不变。在该例基于仿真模型的悬架系统优化中,所涉及的优化问题是较复杂的非线性规划问题,ADAMS 软件中对于优化设计带有几种间接解法,如 SQP、广义简约梯度法等。参考文献[24]介绍,优化算法采用序列二次规划法,分析过程取轮跳±80mm。根据单目标优化计算结果,选取前束角(°) $f_1^{(0)}$ = 0.0110,外倾角(°) $f_2^{(0)}$ = 0.0259,轮距(mm) $f_3^{(0)}$ = 22.0800,然后代入式(7.18),确定了统一的多目标函数 $f(X)$ 。

4. 多目标灵敏度分析

利用图 7.2 所示模型,以 48 个橡胶衬套各向刚度为设计变量,统一目标函数由式(7.18)确定,各设计变量初始值可参见表 7.4,设计变量编号及变化范围见7.2.1 小节,运行 ADAMS 软件的灵敏度分析的设计研究,进行多目标统一函数的灵敏度分析。表 7.4 给出 8 个橡胶衬套共计 48 个设计变量在初始值处的灵敏度分析结果。

表 7.4 灵敏度分析结果

橡胶衬套编号	设计变量	设计变量初值/（N/mm）	灵敏度值/（N·mm/（°）
P_1	DV_1	6700.0	0.00018909
	DV_2	6700.0	3.3386×10^{-5}
	DV_3	270.00	-0.00067129
	DV_4	1.3770×10^5	7.4370×10^{-9}
	DV_5	1.3770×10^5	4.2386×10^{-8}
	DV_6	740.00	$-3.4162e\times10^{-6}$
P_2	DV_7	6700.0	3.6985×10^{-6}
	DV_8	6700.0	1.1669×10^{-6}
	DV_9	270.00	-0.00067162
	DV_10	1.3770×10^5	7.4370×10^{-9}
	DV_11	1.3770×10^5	4.2386×10^{-8}
	DV_12	740.00	-3.4162×10^{-6}
A	DV_13	5500.0	0.00048810
	DV_14	5500.0	7.9118×10^{-5}
	DV_15	600.00	-3.3183×10^{-5}
	DV_16	1.3000×10^5	-6.6451×10^{-8}
	DV_17	1.3000×10^5	-1.4809×10^{-6}
	DV_18	1670.0	-2.7215×10^{-6}
B	DV_19	5500.0	-1.1803×10^{-5}
	DV_20	5500.0	-4.7521×10^{-6}
	DV_21	600.00	-0.00011295
	DV_22	1.3000×10^5	-9.4978×10^{-7}
	DV_23	$1.3000e\times10^5$	-1.8099×10^{-6}
	DV_24	1670.0	3.4702×10^{-6}
C	DV_25	17000.0	-3.9849×10^{-6}
	DV_26	17000.0	-1.6339×10^{-5}
	DV_27	1200.0	-6.7030×10^{-5}
	DV_28	3.4900×10^5	-1.4826×10^{-6}
	DV_29	3.4900×10^5	-6.3216×10^{-7}
	DV_30	6000.0	-1.0179×10^{-6}
P_3	DV_31	2200.0	-3.7327×10^{-5}
	DV_32	2200.0	$-6.7819\times^{-5}$
	DV_33	310.00	-0.00033776

（续）

橡胶衬套编号	设计变量	设计变量初值/(N/mm)	灵敏度值/(N·mm/(°))
P_3	DV_34	46900. 0	-8.7267×10^{-10}
	DV_35	46900. 0	-1.5977×10^{-7}
	DV_36	1660. 0	6.6822×10^{-7}
P_4	DV_37	17000. 0	-1.9978×10^{-5}
	DV_38	17000. 0	-1.7166×10^{-7}
	DV_39	1200. 0	-6.3208×10^{-5}
	DV_40	3.4900×10^5	6.5383×10^{-9}
	DV_41	3.4900×10^5	-1.0190×10^{-8}
	DV_42	6000. 0	-6.4216×10^{-7}
P_5	DV_43	9530. 0	-0.00016177
	DV_44	9530. 0	-7.2951×10^{-7}
	DV_45	800. 00	3.8758×10^{-6}
	DV_46	2.0700×10^5	-6.7229×10^{-10}
	DV_47	2.0700×10^5	-1.4009×10^{-7}
	DV_48	2420. 0	-7.4774×10^{-7}

由表 7.4 可以看出，橡胶衬套的径向刚度、轴向刚度对于悬架的运动学影响较扭转刚度更大，不同橡胶衬套的计算结果仅数值不同，变化规律均同，其中灵敏度值正（负）号表示设计变量与目标函数变化趋势相同（反）。提取 8 个橡胶衬套的灵敏度绝对值较大的径向和轴向刚度的设计变量，共计 24 个，作为下一步多目标优化分析的设计变量。

5. 多目标优化分析

利用图 7.2 所示模型，多目标统一函数由式（7.18）确定，多目标灵敏度分析确定的 24 个设计变量，优化算法选用序列二次规划法，进行多目标优化计算，优化设计变量的初始值与灵敏度分析的初始值相同。迭代进程见图 7.4。表 7.5 给出橡胶衬套刚度优化结果。多目标统一函数值 $f(X)$ 由初始值 3.03015 下降到 1.27319，下降幅度为 58%，优化效果明显。

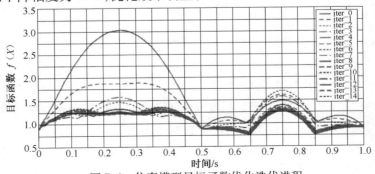

图 7.4 仿真模型目标函数优化迭代进程

表 7.5　橡胶衬套刚度优化结果列表（N/mm）

橡胶衬套编号	设计变量	优化前/（N/min）	优化后（N/min）	变化量/%
P_1	DV_1	6700	3874.06	-42.2
	DV_2	6700	6041.73	-9.82
	DV_3	270	302.101	+11.9
P_2	DV_7	6700	6272.94	-6.37
	DV_8	6700	6561.62	-2.07
	DV_9	270	301.821	+11.8
A	DV_13	5500	2888.05	-47.5
	DV_14	5500	5015.69	-8.81
	DV_15	600	539.105	-10.1
B	DV_19	5500	4488.08	-18.4
	DV_20	5500	5072.26	-7.78
	DV_21	600	644.4	+7.4
C	DV_25	17000	18287	+7.57
	DV_26	17000	22045.3	+29.7
	DV_27	1200	1630.9	+35.9
P_3	DV_31	2200	1138.3	-48.3
	DV_32	2200	2302.08	+4.64
	DV_33	310	350.384	+13
P_4	DV_37	17000	22984.8	+35.2
	DV_38	17000	17164.3	+0.966
	DV_39	1200	1613.84	+34.5
P_5	DV_43	9530	8134.58	-14.6
	DV_44	9530	6492.51	-31.9
	DV_45	800	509.352	-36.3

　　根据优化计算结果，输入橡胶衬套优化后的刚度值，进行悬架运动学对比分析。仿真结果表明，采用优化设计后的橡胶衬套刚度值，前束角、外倾角、轮距等车轮定位参数变化特性均得到一定的改善，其中，前束角变化特性改善程度尤其明显，如图 7.5 至图 7.7 所示。

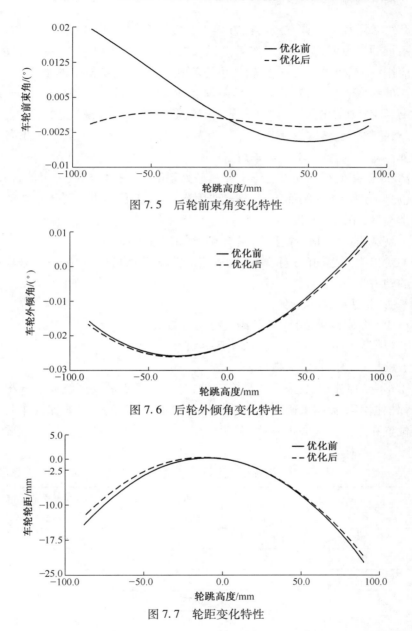

图 7.5 后轮前束角变化特性

图 7.6 后轮外倾角变化特性

图 7.7 轮距变化特性

7.3 橡胶衬套对于车辆操纵稳定性的影响分析

7.3.1 整车模型的建立

汽车动力学仿真一般分为两步:建模,其实质是建立描述车辆动力学的微分方程组;求解,采用数值计算方法解微方程组。传统方法是采用人工建模和计算,由于车辆系统的自由度相当多,工作量是很大的,一般对于实际系统要做很多简化。而现在应用 ADAMS 动力学分析软件可以直接交互式建立整车的动力学模型,并赋予相应的动力学参数,这样对车辆的简化少,可以比较真实地反映车辆运动情况。本书利用 ADAMS/View 建立了某国产轿车的多体仿真模型,详细考虑了前悬架系统、后悬架系统、转向系统(齿轮—齿条转向系统)及轮胎,并考虑了各种连接件中的弹性衬套的影响,对该车进行了整车操纵稳定性动力学仿真。

ADAMS 虽然使得建立以三维实体模型为基础的虚拟样机成为可能,但对于几何模型也必须进行相应的抽象,忽略次要因素,才能抓住重点。对于将要建立的整车动力学模型,做以下假设:

(1)簧载质量看作一个刚体,具有 6 个自由度。

(2)对于刚体之间的连接柔性做适当的简化,用橡胶衬套(bush)来模拟实际工况下的动力学特性。

1. 整车模型的主要参数

ADAMS 对刚体的惯性参数的确定有两种方式:

(1)根据几何尺寸及密度自动计算得到。

(2)根据用户的自定义数据。

对于车身的惯性参数采用的是第二种方法,车身质量及其绕质心 3 根轴的转动惯量都根据实测数据来确定,因而是较准确的。在建模时只要保证车身与悬架的连接位置和连接方式的正确性,车辆模型就是合理可行的。某轿车主要参数见表 7.6。

表 7.6　某轿车主要参数

参　　　数	空载	满载	非簧载质量	轴距/mm
前轴荷/kg	865	970	57×2	2840
后轴荷/kg	615	885	46×2	
质心高度/mm	570	580		
车轮外倾角/(′)	35	22		
主销内倾角/(°)	6.75	6.927		
主销后倾角/(°)	5.78	5.955		
前束/mm	2.4	−0.8		
前轮轮距/mm	1565			
后轮轮距/mm	1560			
转弯半角(内／外)/(°)	36.2／29.0			
最小转弯半径/m	6.1			
接近角/(°)	18.2	17.4		

（续）

参　　数	空载	满载	非簧载质量	轴距/mm
离去角/(°)	20.6	16.8		
前悬架静挠度/mm	183			
后悬架静挠度/mm	177			
前悬架动挠度/mm	57			
后悬架动挠度/mm	60			
前/后轮轮胎气压/MPa	220/240			
车轮的滚动半径/mm	314			
轮胎型号	205/65 R15			
齿条可移动距离或摆角	2×68mm			
前悬架弹簧刚度及预载	2×22.96N/mm，行程 126mm			
后悬架弹簧刚度及预载	2×21.6N/mm，行程 88mm			
整车转动惯量/kg·m²(满载)	I_{xx}:766	I_{yy}:3706		I_{zz}:3843

2. 前、后悬架建模

该轿车前悬架为多连杆式独立悬架。建模时，按照实际情况，抽象出减振支柱总成、转向节、横摆臂、减振器及横向稳定杆等刚体，并对它们之间的连接形式做了合理的抽象。上摆臂没有相对运动，所以作为一个刚体来处理，通过球铰与转向节臂相连，通过橡胶衬套与车身相连。两根下摆臂则按照实际情况分开处理，下摆臂两端的连接形式与上摆臂相同。

将横向稳定杆用左右两个杆状刚体模拟，它们之间通过扭转弹簧连接。扭转弹簧的扭转刚度为 20445N·mm/°。横向稳定杆的两端分别通过球铰与一根短的连接杆相连，连接杆的另一端与减振支柱固接。

后悬架结构形式与前悬架相同，后悬架 ADAMS 模型如图 7.2 所示。

3. 轮胎建模

轮胎模型是建模中十分重要的一个方面，车辆动力学仿真的精确性在很大程度上取决于轮胎模型的好坏。ADAMS 提供了 5 种轮胎模型，它们可分为两类：理论型轮胎模型，包括 Fiala Tire、University of Arizona(UA) Tire 模型号；试验型轮胎模型，包括 Interpolation-and-Point-Follower Tire、Smithers Tire、DELFT 模型等。这里采用的 UA 模型是由 P. E. Nikaraves 和 G. Gim 提出来的，它以 Bergmen 的三维弹簧模型为基础推导，即轮胎是由一系列可三维形变的弹性单元组成的，每单元可简化为相互垂直的三维弹簧以传递径向力、纵向力和侧向力。通过轮胎与地面相互作用的微元求解动力学，推导出纯工况和联合工况下的轮胎力学特性。该模型经过试验数据以及其他模型的检验，对全工况滑移具有较好的仿真精度，所以被我们的整车模型所采用。它的主要特性参数有侧偏刚度、外倾刚度、垂向刚度、纵向刚度、滚动阻力系数及垂向阻尼系数等,轮胎坐标系采用 SAE 标准坐标系。对于路面文件,采用平滑路面,各个轮胎接触的路面特性相同。

4. 整车模型的建立

完成上述子系统建模后,将它们合成一辆整车。定义好各连接点和各种杆件的连接方式,输入减振器和其他弹性连接件的刚度值。模型中用到的理想约束类型及数目如表 7.7 所列。

表 7.7　模型中用到的理想约束类型及数目

约束形式	约束个数	每个约束减去的自由度数
转动副	4	5
圆柱副	8	4
万向节副	2	4
球铰	23	3
滑动副	1	5
固接副	24	6

整车模型总共由 65 个刚体组成(包括轮胎),刚体之间不同的理想约束形式共有 6 种,每种约束减去系统一定的自由度数,参见表 7.7。可以计算出整车虚拟样机的自由度数:DOF = 130。

装配完成后的 130 自由度虚拟样机模型如图 7.8 所示。

5. 模型检验

在模型上施加一定的载荷或运动进行检验,观察其是否符合实际的运动情况,经反复检验,该悬架及整车符合实际运动状况,因此,该 ADAMS 模型可进一步的动力学分析。

图 7.8　某轿车的整车仿真模型

7.3.2　操纵稳定性的仿真工况介绍

汽车的操纵稳定性是汽车最重要的性能之一,它不仅仅是表征汽车驾驶的操纵方便程度,更是决定高速汽车安全行驶的一个主要性能。汽车的操纵稳定性是指在驾驶者不感到过分紧张、疲劳的条件下,汽车能遵循驾驶者通过转向系及转向车轮给定的方向行驶,且当遭遇外界干扰时,汽车能抵抗干扰而保持稳定行驶的能力。评定操纵稳定性的性能有多个方面,如稳态回转特性、转向瞬态响应特性、回正性、转向轻便性、典型行驶工况性能和极限行驶能力等。本书主要进行稳态回转和转向盘角阶跃响应的仿真研究。

1. 稳态回转仿真工况

在稳态回转实车试验中,首先应确定使得汽车在最低稳定车速行驶时转弯半径为 15m 的转向盘转角,然后将转向盘固定于此转角,从车速为零开始均匀连续地加速。在仿真中通过理论公式估算转向盘角度。从汽车理论可以知道,汽车转向半径与前轮转角有以下关系,即

$$R = \frac{L}{\delta - (\alpha_1 - \alpha_2)} \tag{7.21}$$

在极低的车速下,忽略侧偏角时的转向半径为 R_0,即 $R_0 = L/\delta$。将轴距 $L = 2.840\text{m}$ 和试验规定的 $R_0 = 15\text{m}$ 代入,得到前外轮转角 δ 为 $10.9°$。

在稳态回转仿真过程中,需要测量的基本参数如下:
(1) 汽车的横摆角速度。
(2) 汽车的前进速度。
(3) 车身侧向加速度。
(4) 车身侧倾角。
(5) 前后轴侧偏角之差。

对于汽车横摆角速度和汽车前进速度两个基本参量,可以从仿真结果中直接得到;对于车身侧倾角可以通过自定义的函数来计算;至于转弯半径、汽车前后轴侧偏角之差、车身侧向加速度这几个量,可以用基本量的代数参照式(7.22)、式(7.23)、式(7.24)计算得到,即

$$R_0 = \frac{u_0}{\omega_{r0}} \tag{7.22}$$

$$a_1 - a_2 = 57.3L\left[\frac{1}{R_0} - \frac{1}{R}\right] \tag{7.23}$$

$$a_y = u\omega_r \tag{7.24}$$

2. 转向盘角阶跃响应仿真工况[100,101]

目前常用转向盘角阶跃试验来测定汽车对转向盘转角输入时的瞬态响应。仿

真时,汽车先以直线行驶,达到试验车速后,以尽快的速度,起跃时间不大于0.2s或起跃速度不低于200(°)/s转动转向盘。转向盘转角位移因车速不同而异,但要求达到一定的稳态圆周行驶时的侧向加速度,如$1\sim3\mathrm{m/s^2}$,转向盘转至应有转角后保持不变,油门亦不变,汽车从直线进入圆周行驶。试验要求一般在最高车速的70%下进行。记录汽车车速v、时间t、转向盘转角δ_{sw}、横摆角速度ω_r和侧向加速度a_y等数据。根据所记录的数据,整理成时域响应曲线。从曲线上可找反应时间、超调量和稳定时间等参数。

7.3.3 仿真模型的试验验证

根据文献[102],进行了稳态回转实车试验。同时,利用建立的ADAMS整车模型,按照相同的实车工况,进行了稳态回转仿真,并与已有的试验结果进行了对比。验证整车仿真模型的合理性,试验及仿真对比结果如表7.8所列。

表7.8 稳态回转试验及仿真对比结果列表

项目	试验值	仿真值	误差百分比/%
侧向加速度/(m/s²)	横摆角速度/(°/s)	横摆角速度/(°/s)	
1	14.424	14.0528	-2.6
2.2	21.340	20.0055	-2.9
4	27.726	26.5887	-4.1

从表7.8可以看出,ADAMS仿真值与实车试验值吻合得较好,由于仿真模型总是难以完全逼近实车模型,仿真值与试验值呈现有规律性的偏小,且误差百分比均在5%以下,可以认为在工程上有较好的精度,可以运用此模型开展进一步的研究工作。

7.3.4 橡胶衬套优化后的操纵稳定性对比研究

运用图7.8所示仿真模型,分别输入基于弹性运动学的后悬架橡胶衬套的刚度24个设计变量优化前后的数值,如表7.5所列,进行稳态回转和转向盘角阶跃响应对比仿真分析。

1. 稳态回转仿真对比分析

前轮施加的驱动条件为$1500\mathrm{d} * \mathrm{time} * \mathrm{step(time,0,0,70,1)}$;齿轮齿条施加的驱动条件为$23 * \mathrm{step(time,2,0,2.5,1)}$。横摆角速度与侧向加速度曲线$\omega_r$-$a_y$如图7.9所示。前、后轮侧偏角之差与侧向加速度$(\delta_1-\delta_2)-a_y$曲线如图7.10所示。

从图7.9可以看出,后悬架橡胶衬套刚度优化后,在相同的侧向加速度条件下,横摆角速度略有降低,也就是说,整车的极限侧向加速度会有所提高,因此,整

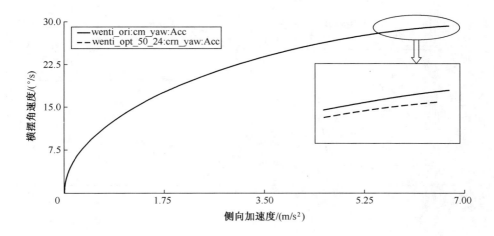

图 7.9　横摆角速度与侧向加速度 $\omega_r - a_y$ 曲线

车的稳定性亦会相应有所提高。

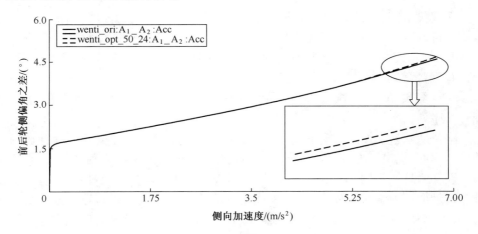

图 7.10　前、后轮侧偏角之差与侧向加速度 $(\delta_1 - \delta_2) - a_y$ 曲线

从图 7.10 可以看出,橡胶衬套刚度优化后前、后轮侧偏角之差有所加大,整车性能朝有利于不足转向的方向发展。

2.　转向盘角阶跃响应仿真对比分析

转向盘角阶跃车速取最高车速 195km/h 的 70%,即 140km/h。仿真时,前轮施加的驱动条件为 7250d ＊ time;转向的齿轮齿条施加的驱动条件为 3.4 ＊ step(time,13,0,13.2,1)。角阶跃响应曲线见图 7.11。

从图 7.11 可以看出,在进行高速转向盘角阶跃对比分析时,衬套刚度优化后,峰值反应时间基本不变,但超调量变小,也就是说,转向盘操纵将变得更为灵敏。

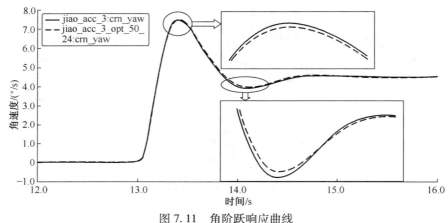

图 7.11　角阶跃响应曲线

7.4　小结

在现代车辆悬架设计中,大量采用橡胶衬套等柔性连接,并获得所需要的悬架运动学特性。由于橡胶衬套的形状可以自由设计,故能适当选择衬套各个方向的弹簧刚度比。了解并掌握橡胶衬套的各向刚度设计机理对于橡胶衬套的选型和设计具有重要意义。

本章简要介绍了汽车悬架系统设计时常采用的一种间接优化算法原理——序列二次规划方法。

本章从悬架弹性运动学的角度出发,利用 ADMAS 软件,建立起考虑橡胶衬套的悬架模型,提出了橡胶衬套各向刚度的优化设计分析方法和流程,并以一轿车空间多连杆后悬架为例,采用序列二次规划算法进行优化计算。通过对优化前、后结果进行悬架运动学对比分析,验证了优化分析流程及方法的有效性。分析结果表明,橡胶衬套刚度对于多连杆后悬架运动学影响较大,尤其能显著改变车轮前束变化特性。同时,根据优化结果,可以确定橡胶衬套各向刚度指标。

悬架运动学需要橡胶衬套在不同方向具有不同的刚度特性,由于悬架橡胶衬套为非金属件,橡胶材料生产制造中性能的稳定性较差,其指标难以像金属弹性元件一样精确控制其各个刚度。因此,人们在橡胶件的形状、结构上采取很多措施增强这些特性。橡胶衬套刚度的改变可通过加开减弱孔、增加复合钢片等措施来解决。当然,调整衬套的刚度指标需要综合考虑衬套的疲劳寿命、制造安装的方便性。

同时,本章利用多体系统动力学分析软件 ADAMS 建立了某国产轿车的操纵动力学多体仿真模型,该模型经过软件校验以及实车试验验证,具有较好的精度。利用仿真模型,对该车进行了整车稳态回转和转向盘角阶跃响应工况的动力学仿真。仿真分析表明,基于弹性运动学的多连杆后悬架橡胶衬套刚度优化后,在整车性能层面上,对于改善车辆操纵稳定性具有一定的积极意义。

第 8 章

悬架橡胶元件对于车辆 NVH 性能影响的分析方法

8.1 车辆 NVH 概述

8.1.1 车辆 NVH 特性

车辆的 NVH 是指 Noise（噪声）、Vibration（振动）和 Harshness（声振粗糙度），由于它们在车辆等机械中是同时出现且密不可分的，因此常把它们放在一起进行研究[103]。

乘员在汽车中的一切触觉和听觉感受都属于 NVH 研究的范畴，此外，还包括汽车零部件由于振动引起的强度和寿命等问题。从 NVH 的观点来看，汽车是一个由激励源（发动机、变速器等）、振动传递器（由悬挂系统和连接件组成）和噪声发射器（车身）组成的系统。

根据 1996 年对欧洲汽车市场的调查，由于汽车的性能、质量等方面均已达到较高的水平，因此顾客对乘坐舒适性的要求明显提高，仅次于汽车款式。对于中小型汽车，由于市场的激烈竞争使得汽车的重量、价格等因素被严格约束，这就使以改善汽车乘坐舒适性为目的的汽车 NVH 特性的研究变得更加重要。

研究汽车的 NVH 特性可以充分利用 CAE 技术建立汽车动力学模型，运用多体（MB）系统动力学方法、有限元方法（FEM）、统计能量分析（SEA）等多种方法和技术。

多体（MB）系统动力学方法将系统内各部件抽象为刚体或弹性体，研究它们在大范围空间运动时的动力学特性。有限元方法（FEM）是把连续的弹性体划分成有限个单元，通过在计算机上划分网格建立有限元模型，计算系统的变形和应力以及动力学特性。由于有限元方法的日益完善以及相应分析软件的成熟，使它成为研究汽车 NVH 特性的重要方法。一方面，它适用于车身结构振动、车室内部空腔噪声的建模分析；另一方面，与多体系统动力学方法相结合来分析汽车底盘系统的动力学特性，其准确度也大大提高。

以空间声学和统计力学为基础的统计能量分析（SEA）方法是将系统分解为多

个子系统,研究它们之间能量流动和模态响应的统计特性。它适用于结构、声学等系统的动力学分析。对于中高频(300Hz 以上)的汽车 NVH 特性预测,如果采用 FEM,将大大增加工作量而且其结果准确度并不高,而采用统计能量分析方法是合理的。

汽车在使用一段时间之后,一些元件(如传动系的齿轮、联轴器、悬架中的橡胶衬套、制动器中的制动盘等)的磨损将对整车的 NVH 特性产生重要影响,它们的强度、可靠性和灵敏度分析是研究整车 NVH 特性的重要工作,这也就是高行驶里程下汽车 NVH 特性的研究[103,104]。

因此,从本质上讲,汽车 NVH 特性研究的就是汽车的振动和噪声问题,但汽车 NVH 特性的研究不仅仅局限于振动噪声的范畴,还包括汽车零部件设计以及强度和可靠性分析等内容。其中最重要的就是在高行驶里程下汽车关键零部件的磨损对 NVH 特性的影响以及灵敏度分析等问题。

福特汽车公司的 D. Li、E. Y. Kuo 等人借助于 FEA 模型,运用回归分析理论进行减振器支承与车辆振动指标的关系研究,并取得了不错的效果[105]。笔者受其启发,利用前文已经建立的精确的 ADAMS 多体模型,对悬架橡胶元件与车辆 NVH 振动指标的影响进行方法研究,为解决因素较多的问题,在变量分组的基础上,笔者综合了正交试验设计和高次多元回归分析理论,进行组合试验设计,研究悬架橡胶元件对于车辆 NVH 性能影响的分析方法。

8.1.2 车辆高行驶里程后的橡胶元件特性变化

一般来说,车辆在 0 里程时设计成具有良好的 NVH 性能。耐久性试验来保证新车能够承受长时间驾驶而不出现疲劳破坏。但是高里程后的 NVH 性能则不在这里考虑。新车往往具有很好的可靠性,却不具备在高行驶里程后保持良好的 NVH 性能。车辆在长时间行驶后所具有的 NVH 性能是车辆设计中一个重要的内容。橡胶元件如悬架衬套、发动机支承、轮胎在经过长时间行驶后性能出现不同程度的下降或者变化,从而影响车辆的总体 NVH 性能。

为了评估耐久性疲劳破坏对于某轿车橡胶支承力学特性的影响,在一辆物理样车上通过加速试验模仿耐久性试验,并在试验前后测量橡胶支承刚度和阻尼因素,结果如表 8.1 所列[104]。

表 8.1 橡胶支承试验前后力学特性

项目	轴向刚度/(N/mm)	轴向阻尼/(N·s/mm)
耐久性试验前	855	1.36
耐久性试验后	654	1.02

橡胶元件对于车辆 NVH 性能最重要的特性是动态刚度和阻尼值。通常,橡胶

元件在车辆上受到静态和动态应力,这是由于机械载荷和环境因素(如臭氧、温度和湿度等)。前者影响是疲劳破坏,后者影响是老化。橡胶元件的动态特性是受聚合物的网状结构影响,而疲劳和老化会引发这种网状结构的化学变化,这种变化会导致塑性、交联性。关于疲劳和老化的化学性能研究已经超出了本书的研究范围。然而,研究疲劳和老化对于动态刚度和阻尼的影响是为了车辆高里程后 NVH 性能的研究目的。

　　研究表明,疲劳载荷导致衬套刚度和阻尼的下降,而老化则导致刚度和阻尼的上升。车辆橡胶衬套在使用过程中刚度和阻尼值是上升还是下降取决于疲劳或老化谁是主导因素。从表 8.1 的试验数据可以看出,对于该橡胶支承,动态刚度和阻尼特性性能随里程的增加而下降,在该橡胶支承的使用过程中疲劳占主导。

　　车辆橡胶元件的初始动态刚度和阻尼数据通过试验获得。

8.1.3　轮胎老化与车辆的 NVH 性能[104]

　　轮胎是传递道路激励到悬架和车身的关键弹性元件。轮胎老化影响减振和降噪效果。如前所述,老化对于轮胎是变硬,而轮胎刚度将影响整个频域范围内的噪声响应特性。轮胎刚度的增加通常会导致乘客舱声压级的增加。因此,可以认为,轮胎老化将导致道路降噪隔振性能的下降。然而,不变的轮胎压力和轮胎磨损同样会导致 NVH 性能下降,因此,哪种方式在车辆使用中占主导取决于驾驶员。当然,轮胎与其他橡胶元件不同,它并不是要求使用于车辆全过程。在适当的时候,驾驶员根据驾驶情况更换轮胎。轮胎的性能非常复杂,本书不进一步展开这方面的讨论。

8.2　悬架橡胶元件对于车辆 NVH 性能影响的分析方法

8.2.1　二次回归正交组合设计基本理论

1. 回归正交设计简介

　　在生产过程中和科学试验中,总会遇到多个变量,同一过程中的这些变量往往是相互依赖、相互制约的,也就是说,它们之间存在相互关系,这种相互关系可以分为两种类型:确定性关系和相关关系。

　　当一个变量或几个变量取一定值时,另一个变量有确定值与之相对应,也就是说变量之间存在严格的函数关系,这种关系就称为确定性关系。当一个或几个相互关系的变量取一定数值时,与之对应的另一变量的值虽然不确定,但它仍以某种规律在一定的范围内变化,变量之间的这种关系称为相关关系。

变量之间的确定性关系和相互关系,在一定的条件可以相互转换。相关关系虽然是不确定的,却是一种统计关系,在大量的观察下,往往会呈现出一定的规律性,这种规律性可以通过大量试验值的散点图反映出来,也可以借助相应的函数式表达出来,这种函数称为回归函数或者回归方程。

回归分析是一种处理变量之间的相关关系最常用的统计方法,用它可以寻找隐藏在随机性后面的统计规律。研究一个因素与试验指标间相关关系的回归分析称为一元回归分析,研究几个因素与试验指标间相互关系的称为多元回归分析。无论是一元回归分析还是多元回归分析,都可以分为线性回归和非线性回归两种形式。

在解决实际问题时,往往是多个因素都对试验结果有影响,这时可以通过多元回归分析求出试验指标(因变量)y与多个试验因素(自变量)$x_j(j=1,2,\cdots,m)$之间的近似函数关系$y=f(x_1,x_2,\cdots,x_m)$[106]。试验指标与试验因素之间的关系不宜用一次回归方程来描述,所建立的一次回归方程经检验不显著时,就需用二次或更高次方程来拟合。

正交试验设计简称正交设计,它是利用正交表科学地安排与分析多因素试验的方法,能在所有试验方案中均匀地挑选出代表性强的少数试验方案,并通过对这些少数试验方案的试验结果进行统计分析,可以推出较优的方案,而且所得到的较优方案往往不包含在这些少数试验方案中。另外,正交设计可对试验结果做进一步的分析,可以得到试验结果之外的更多信息。例如,各试验因素对试验结果影响的重要程度、各因素对试验结果的影响趋势等。正交试验设计是最常用的试验设计方法之一。附录 A 为$L_{16}(2^{15})$的正交表及表头设计。

回归正交设计,这是一种将正交设计与回归分析优点相结合的一种试验方法,它可以在因素的试验范围内选择适当的试验点,用较少的试验建立一个精度高、统计性能好的回归方程。

2. 二次回归正交组合设计[106]

1)组合设计试验方案的确定

假设有 m 个试验因素(自变量)$x_j(j=1,2,\cdots,m)$,试验指标为因变量 y ,则二次回归方程的一般形式为

$$\hat{y}=a+\sum_{j=1}^{m}b_jx_j+\sum_{k<j}b_{kj}x_kx_j+\sum_{j=1}^{m}b_{jj}x_j^2 \quad k=1,2,\cdots,m-1;j\neq k \quad (8.1)$$

式中 a ,$\{b_j\}$,$\{b_{kj}\}$,$\{b_{jj}\}$——回归系数;

$\hat{y}$——对应自变量代入回归方程的计算值,称为回归值。

$\hat{y}$ 与 y 不一定相等,它们之间的偏差称为残差。只有各残差平方值之和最小时,回归方程与试验值的拟合程度最好。可以看出该方程共有 $1+m+m(m-1)/2$

$+ m = \dfrac{(m + 1)(m + 2)}{2}$ 项,要使回归系数的估算成为可能,必要条件为试验次数

$n \geqslant \dfrac{(m + 1)(m + 2)}{2}$;同时,为了计算二次回归方程的系数,每个因素至少要取 3 个水平,所以用一元回归正交设计的方法来安排试验,往往不能满足这一条件。例如,当因素数 $m = 3$ 时,二次回归方程的项数为 10,要求的试验次数 $n \geqslant 10$,如果用正交表 $L_9(3^4)$ 安排试验,则试验次数不符合要求,如果进行全面试验,则试验次数为 $3^3 = 27$ 次,试验次数又偏多。为解决这一矛盾,可以在一次回归正交试验设计的基础上再增加一些特定的试验点,通过适当的组合形成试验方案,即组合设计。

下面以两因素为例来说明其方法。

设有两个因素 x_1 和 x_2,试验指标为 y,则它们之间的二次回归方程为

$$\hat{y} = a + b_1 x_1 + b_2 x_2 + b_{12} x_1 x_2 + b_{11} x_1^2 + b_{22} x_2^2 \qquad (8.2)$$

该方程共有 6 个回归系数,所有要求试验次数 $n \geqslant 6$,而二水平全面试验的次数为 $2^2 = 4$ 次,显然不能满足要求,于是在此基础上再增加 5 次试验,试验方案如表 8.2 所列。

表 8.2　二元二次回归正交组合设计试验方案

试验号	x_1	x_2	y	说明	试验号	x_1	x_2	y	说明
1	1	1	y_1	二水平试验	5	γ	0	y_5	星号试验
2	1	−1	y_2		6	−γ	0	y_6	
3	−1	1	y_3		7	0	γ	y_7	
4	−1	−1	y_4		8	0	−γ	y_8	
					9	0	0	y_9	零水平试验

可见,正交组合试验设计由三类试验点组成,即二水平试验、星号试验和零水平试验,如图 8.1 所示。设二水平试验的次数为 m_c,若为全面试验,则 $m_c = 2^m$,若根据正交表只进行部分二水平试验(1/2 或 1/4 实施),这时 $m_c = 2^{m-1}$ 或 $m_c = 2^{m-2}$,对于上例的二元二次回归正交组合设计,$m_c = 2^2 = 4$。

由图 8.1 可以看出,5 ~ 8 号试验点都在坐标轴上,用星号表示,所以被称为星号试验,它们与原点(中心点)的距离都为 γ,称为星号臂或轴臂。星号试验次数为 $m_\gamma = 2m$,对于二元二次回归正交组合设计,$m_\gamma = 2 \times 2 = 4$。

零水平试验点位于图的中心点(原点),即各因素水平编码都为零时的试验,该试验可只做一次,也可重复多次,零水平试验次数记为 m_0。

所以,二次回归正交组合设计的总试验次数为

$$n = m_c + 2m + m_0 \qquad (8.3)$$

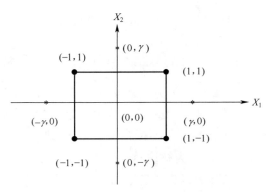

图 8.1　二元二次回归正交组合设计试验点分布

如果将两因素的交互项和二次项列入组合设计表中,则可得到表 8.3。其中交互列和二次列中的编码可直接由 x_1 和 x_2 写出。例如,交互列 x_1、x_2 的编码是对应 x_1 和 x_2 的乘积,而 x_1^2 的编码则是 x_1 列编码的平方。

表 8.3　二元二次回归正交组合设计

试验号	x_1	x_2	$x_1 x_2$	x_1^2	x_2^2
1	1	1	1	1	1
2	1	−1	−1	1	1
3	−1	1	−1	1	1
4	−1	−1	1	1	1
5	γ	0	0	γ^2	0
6	$-\gamma$	0	0	γ^2	0
7	0	γ	0	0	γ^2
8	0	$-\gamma$	0	0	γ^2
9	0	0	0	0	0

由表 8.3 可以看出,增加了星号试验和零水平试验之后,二次项失去了正交性,即该列编码的和不为零,与其他任一列编码的乘积和也不为零。为了使表具有正交性,就应该确定合适的星号臂长度,并对二次项进行中心化处理。

(1)星号臂长度 γ 的确定。

根据正交性的要求,可以推导出星号臂长度 γ 必须满足以下关系式,即

$$\gamma = \sqrt{\frac{\sqrt{(m_c + 2m + m_0)\, m_c} - m_c}{2}} \tag{8.4}$$

可见,星号臂长度 γ 与因素数 m、零水平试验次数 m_0 及二水平试验数 m_c 有关。

（2）二次项的中心化。

设二次回归方程中二次项为 $x_{ji}^2(j = 1,2,\cdots,m_j; i = 1,2,\cdots,n)$，其对应的编码用 x_{ji}' 可以用式（8.5）对二次项的每个编码进行中心化处理。

$$x_{ji}' = x_{ji}^2 - \frac{1}{n}\sum_{i=1}^{n} x_{ji}^2 \tag{8.5}$$

式中　x_{ji}'——中心化之后的编码。

这样组合设计表中的 x_j^2 列就可变为 x_j' 列。表 8.4 所列为二次项中心化之后的二元二次正交组合设计编码表。

表 8.4　二元二次正交组合设计编码表

试验号	x_1	x_2	$x_1 x_2$	x_1^2	x_2^2	x_1'	x_2'
1	1	1	1	1	1	1/3	1/3
2	1	−1	−1	1	1	1/3	1/3
3	−1	1	−1	1	1	1/3	1/3
4	−1	−1	1	1	1	1/3	1/3
5	1	0	0	1	0	1/3	−2/3
6	−1	0	0	1	0	1/3	−2/3
7	0	1	0	0	1	−2/3	1/3
8	0	−1	0	0	1	−2/3	1/3
9	0	0	0	0	0	−2/3	−2/3

表 8.4 中后两列是按式（8.5）计算的，以 x_1^2 列的中心化为例，该列的和 $\sum_{i=1}^{9} x_{1i}^2 = 6$，所以有 $x_{11}' = x_{11}^2 - \frac{1}{9}\sum_{i=1}^{n} x_{1i}^2 = 1 - \frac{6}{9} = \frac{1}{3}$，$\cdots$，$x_{17}' = x_{17}^2 - \frac{1}{9}\sum_{i=1}^{9} x_{1i}^2 = 0 - \frac{6}{9} = -\frac{2}{3}$ 等。

2）二次回归正交组合设计的基本步骤

（1）因素水平编码。

确定因素 $z_j(j = 1,2,\cdots,m)$ 实际取值的变化范围和零水平试验的次数 m_0，再根据星号臂长 γ 的计算公式（8.4）确定 γ 值，对因素水平进行编码，得到规范变量 $x_j(j = 1,2,\cdots,m)$。如果以 z_{j1} 和 z_{j2} 分别表示因素 z_j 的上下水平，则它们的算术平均值就是因素 z_j 的零水平，以 z_{j0} 表示。设 $z_{j\gamma}$ 与 $z_{-j\gamma}$ 分别为因素 z_j 的上、下星号臂水平，则 $z_{j\gamma}$ 与 $z_{-j\gamma}$ 分别为因素 z_j 的上、下限，于是有

$$z_{j0} = \frac{z_{j1} + z_{j2}}{2} = \frac{z_{j\gamma} + z_{-j\gamma}}{2} \tag{8.6}$$

所以，该因素的变化间距为

$$\Delta_j = \frac{z_{j\gamma} - z_{j0}}{\gamma} \tag{8.7}$$

然后对因素 z_j 的各个水平进行线性变换,得到水平的编码为

$$x_j = \frac{z_j - z_{j0}}{\Delta_j} \tag{8.8}$$

这样,编码公式就将因素的实际取值 z_j 与编码值 x_j 一一对应起来,编码后,试验因素的水平被编为 $-\gamma, -1, 0, 1, \gamma$。

(2)确定合适的二次回归正交组合设计。

首先根据因素数 m 选择合适的正交表进行变换,明确二水平试验方案,二水平试验次数 m_c 和星号试验次数 m_γ 也能随之确定。然后对二次项进行中心化处理,就可以得到具有正交性的二次回归正交组合设计编码表。

(3)试验方案的实施。

根据二次回归正交组合设计表确定的试验方案进行试验,得到试验结果。在本例中,试验形式为计算机仿真。

(4)回归方程的建立。

计算各回归系数,建立回归方程。回归系数的计算公式为

$$a = \frac{1}{n} \sum_{i=1}^{n} y_i = \bar{y} \tag{8.9}$$

$$b_j = \frac{\sum_{i=1}^{n} x_{ji} y_i}{\sum_{i=1}^{n} x_{ji}^2} \quad j = 1, 2, \cdots, m \tag{8.10}$$

$$b_{kj} = \frac{\sum_{i=1}^{n} (x_k x_j)_i y_i}{\sum_{i=1}^{n} (x_k x_j)_i^2} \quad j > k; k = 1, 2, \cdots, m-1 \tag{8.11}$$

$$b_{jj} = \frac{\sum_{i=1}^{n} (x'_{ji}) y_i}{\sum_{i=1}^{n} (x'_{ji})^2} \tag{8.12}$$

8.2.2 基于 ADAMS 的车辆振动性能分析

使用 CAE 仿真模型评估的好处是不需要硬件和很方便修改每个橡胶衬套参数和施加激励。本章通过 ADAMS 模型用来评估衬套性能变化对于车辆 NVH 性能的影响,仿真模型见图 7.8。本书研究样车前后悬架共有 14 ×2 = 28(考虑左右对称)种橡胶衬套,如图 8.2、图 8.3 所示,橡胶衬套在仿真模型中的安装位置均按照精确几何模型中的坐标位置确定,橡胶衬套的各水平的刚度指标根据式(8.6)、式

(8.7)、式(8.8)计算,计算结果参见表 8.5。其中坐标系为衬套的连体坐标系,参见图 3.1。

　　如果每个橡胶衬套对应一个因素,则回归方程的未知系数将达到(28+1)×(28+2)/2＝435 个,数学计算的工作量将十分巨大,为了简化计算起见,现将 14 种共计 28 个橡胶元件进行编组,分 6 组,以每组为一个因素。共计 6 个因素参与计算,并假定每组内的橡胶元件的力学特性变化相同,每组均包括左右对称的橡胶元件。因素编组表参见表 8.5。但无论因素多少,其方法都是一样的。

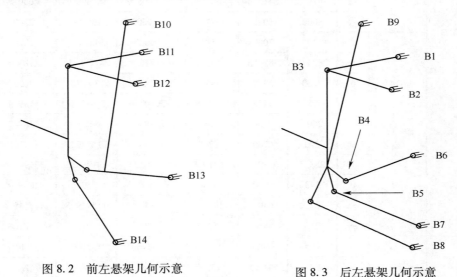

图 8.2　前左悬架几何示意　　　　图 8.3　后左悬架几何示意

表 8.5　因素编号及各水平力学特性

参数 因素 橡胶编号		各水平	径向刚度 k_x /(N/mm)	径向刚度 k_y /(N/mm)	轴向刚度 k_z /(N/mm)	弯曲刚度 θ_x /(N·mm/°)	弯曲刚度 θ_y /(N·mm/°)	扭转刚度 θ_z /(N·mm/°)
因素 1	B10	γ	460	4760	4760	1800	74800	74800
		1	440.8	4560.9	4560.9	1724.7	71671.4	71671.4
		0	414	4284	4284	1620	67320	67320
		−1	387.2	4007.1	4007.1	1515.3	62968.6	62968.6
		−γ	368	3808	3808	1440	59840	59840
因素 2	B11、B12	γ	8900	8900	285	136600	136600	640
		1	8527.7	8527.7	273.1	130886.5	130886.5	613.2
		0	8010	8010	256.5	122940	122940	576
		−1	7492.3	7492.3	239.9	114993.5	114993.5	538.8
		−γ	7120	7120	228	109280	109280	512

（续）

因素 \ 橡胶 \ 编号		各水平	径向刚度 k_x /(N/mm)	径向刚度 k_y /(N/mm)	轴向刚度 k_z /(N/mm)	弯曲刚度 θ_x /(N·mm/°)	弯曲刚度 θ_y /(N·mm/°)	扭转刚度 θ_z /(N·mm/°)
因素3	B13	γ	10000	10000	900	174500	174500	3125
		1	9581.7	9581.7	862.4	167201.3	167201.3	2994.3
		0	9000	9000	810	157050	157050	2812.5
		−1	8418.3	8418.3	757.6	146898.7	146898.7	2630.7
		$-\gamma$	8000	8000	720	139600	139600	2500
	B14	γ	3000	3000	500	43600	43600	2280
		1	2874.5	2874.5	479.1	41776.4	41776.4	2184.6
		0	2700	2700	450	39240	39240	2052
		−1	2525.5	2525.5	420.9	36703.6	36703.6	1919.4
		$-\gamma$	2400	2400	400	34880	34880	1824
因素4	B9	γ	270	6700	6700	740	137700	137700
		1	258.7	6419.8	6419.8	709.0	131940.5	131940.5
		0	243	6030	6030	666	123930	123930
		−1	227.3	5640.2	5640.2	623.0	115919.5	115919.5
		$-\gamma$	216	5360	5360	592	110160	110160
因素5	B1 B2	γ	6700	6700	270	137700	137700	740
		1	6419.8	6419.8	258.7	131940.5	131940.5	709.0
		0	6030	6030	243	123930	123930	666
		−1	5640.2	5640.2	227.3	115919.5	115919.5	623.0
		$-\gamma$	5360	5360	216	110160	110160	592
	B3	γ	5500	5500	600	130000	130000	1670
		1	5270.0	5270.0	574.9	124562.5	124562.5	1600.1
		0	4950	4950	540	117000	117000	1503
		−1	4630.0	4630.0	505.1	109437.5	109437.5	1405.9
		$-\gamma$	4400	4400	480	104000	104000	1336
因素6	B4	γ	5500	5500	600	130000	130000	1670
		1	5270.0	5270.0	574.9	124562.5	124562.5	1600.1
		0	4950	4950	540	117000	117000	1503
		−1	4630.0	4630.0	505.1	109437.5	109437.5	1405.9
		$-\gamma$	4400	4400	480	104000	104000	1336
	B5 B7	γ	17000	17000	1200	349000	349000	6000
		1	16288.9	16288.9	1149.8	334402.5	334402.5	5749.0

（续）

因素　橡胶　参数　编号		各水平	径向刚度 k_x /(N/mm)	径向刚度 k_y /(N/mm)	轴向刚度 k_z /(N/mm)	弯曲刚度 θ_x /(N·mm/°)	弯曲刚度 θ_y /(N·mm/°)	扭转刚度 θ_z /(N·mm/°)
因素 6	B5 B7	0	15300	15300	1080	314100	314100	5400
		−1	14311.1	14311.1	1010.2	293797.5	293797.5	5051.0
		−γ	13600	13600	960	279200	279200	4800
	B6	γ	2200	2200	310	46900	46900	1660
		1	2108.0	2108.0	297.0	44938.3	44938.3	1590.6
		0	1980	1980	279	42210	42210	1494
		−1	1852.0	1852.0	261.0	39481.7	39481.7	1397.4
		−γ	1760	1760	248	37520	37520	1328
	B8	γ	9530	9530	800	207000	207000	2420
		1	9131.4	9131.4	766.5	198341.9	198341.9	2318.8
		0	8577	8577	720	186300	186300	2178
		−1	8022.6	8022.6	673.5	174258.1	174258.1	2037.2
		−γ	7624	7624	640	165600	165600	1936
注:B10 指包括左右对称的橡胶元件数量,其余皆同								

根据文献[104],车辆 NVH 相关项多达 16 项,它包含的内容相当多。但一般来讲,评估车辆 NVH 性能项目如下:

①驾驶员座椅或车辆质心处加速度。

②驾驶员耳边声压级。

当然,也有一些其他方法,如加速度均方根值,本书采纳车辆质心处加速度来论证分析方法。

为了模拟道路导致的 NVH 响应,取一段特殊道路的 PSD 作为轮胎输入。特定的试验定义每个独立的载荷对于车辆的响应。一个振幅 10mm 的谐波激励施加到 ADAMS 模型的 4 个轮胎上,按照表 8.6 所列的衬套各水平组合计算车辆响应,仿真分析在 ADAMS/Vibration 模块中完成,以计算衬套性能的变化如何影响车辆振动性能。

运行 ADAMS/Vibration 所得频域范围内的车辆质心处振动加速度功率谱曲线,如图 8.4 所示,从图中可以看出,这里大致有 4 个峰值。本书分析时,取橡胶元件特性变化前的 13Hz 峰值指标为基准,将橡胶件参数变化后的该处峰值指标与变化前的指标差值作为 NVH 振动性能变化的量化标志,列出如表 8.6 中的 y 列。

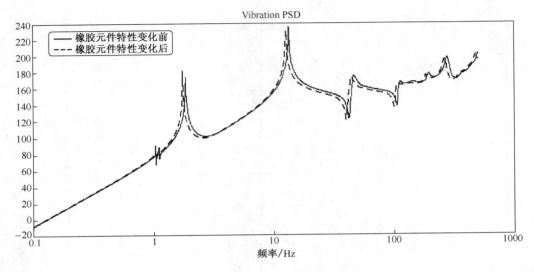

图 8.4 振动加速度功率谱仿真曲线

8.2.3 计算介绍

为了建立车辆 NVH 性能变化与衬套特性的联系,取 y 为车辆 NVH 性能变化,x_i 表示第 i 组因素特性。

由二次回归方程的一般形式(8.1),可写出六元二次回归方程模型为:

$$\hat{y} = a_0 + \sum_{i=1}^{6} b_i x_i + \sum_{i=1}^{6} b_{ii} x_i^2 + \sum_{i=1}^{5} \sum_{j=i+1}^{6} b_{ij} x_i x_j \tag{8.13}$$

式(8.13)的矩阵模型为

$$\hat{Y} = XB \tag{8.14}$$

由前文所述,本次研究共有因素 6 个,回归方程系数为 $(6+1)(6+2)/2 = 28$ 个,所需的仿真试验次数不少于 28 次。这里,六元二次回归正交组合试验方案见表 8.6,其中二水平试验 16 次,星号试验 12 次,另外再取两次零水平试验,总计仿真试验次数 30 次。按照 8.2.1 小节所述的二次回归正交组合设计理论,计算结果及计算数据表参见表 8.6。

表 8.6 六元二次回归正交组合设计表及仿真试验结果

次数	x_1	x_2	x_3	x_4	x_5	x_6	y	x_1^2	x_2^2	x_3^2	x_4^2	x_5^2	x_6^2
1	1	1	1	1	1	1	4.86	1	1	1	1	1	1
2	1	1	1	-1	-1	-1	4.67	1	1	1	1	1	1
3	1	1	-1	1	1	-1	8.91	1	1	1	1	1	1
4	1	1	-1	-1	-1	1	8.79	1	1	1	1	1	1

（续）

次数	x_1	x_2	x_3	x_4	x_5	x_6	y	x_1^2	x_2^2	x_3^2	x_4^2	x_5^2	x_6^2
5	1	−1	1	1	−1	−1	2.13	1	1	1	1	1	1
6	1	−1	1	−1	1	1	2.25	1	1	1	1	1	1
7	1	−1	−1	1	−1	1	6.93	1	1	1	1	1	1
8	1	−1	−1	−1	1	−1	6.79	1	1	1	1	1	1
9	−1	1	1	1	−1	1	4.81	1	1	1	1	1	1
10	−1	1	1	−1	1	−1	4.97	1	1	1	1	1	1
11	−1	1	−1	1	−1	−1	3.85	1	1	1	1	1	1
12	−1	1	−1	−1	1	1	3.84	1	1	1	1	1	1
13	−1	−1	1	1	1	−1	7.46	1	1	1	1	1	1
14	−1	−1	1	−1	−1	1	7.59	1	1	1	1	1	1
15	−1	−1	−1	1	1	1	5.15	1	1	1	1	1	1
16	−1	−1	−1	−1	−1	−1	5.26	1	1	1	1	1	1
17	1.719	0	0	0	0	0	1.72	2.955	0	0	0	0	0
18	−1.719	0	0	0	0	0	3.73	2.955	0	0	0	0	0
19	0	1.719	0	0	0	0	2.96	0	2.955	0	0	0	0
20	0	−1.719	0	0	0	0	7.60	0	2.955	0	0	0	0
21	0	0	1.719	0	0	0	4.03	0	0	2.955	0	0	0
22	0	0	−1.719	0	0	0	8.19	0	0	2.955	0	0	0
23	0	0	0	1.719	0	0	4.79	0	0	0	2.955	0	0
24	0	0	0	−1.719	0	0	4.80	0	0	0	2.955	0	0
25	0	0	0	0	1.719	0	4.78	0	0	0	0	2.955	0
26	0	0	0	0	−1.719	0	4.81	0	0	0	0	2.955	0
27	0	0	0	0	0	1.719	4.69	0	0	0	0	0	2.955
28	0	0	0	0	0	−1.719	4.90	0	0	0	0	0	2.955
29	0	0	0	0	0	0	4.79	0	0	0	0	0	0
30	0	0	0	0	0	0	4.79	0	0	0	0	0	0
Σ							154.84	21.91	21.91	21.91	21.91	21.91	21.91

次数	x_1x_2	x_1x_3	x_1x_4	x_1x_5	x_1x_6	x_2x_3	x_2x_4	x_2x_5	x_2x_6	x_3x_4	x_3x_5
1	1	1	1	1	1	1	1	1	1	1	1
2	1	1	−1	−1	−1	1	−1	−1	−1	−1	−1
3	1	−1	1	1	−1	−1	1	1	−1	−1	−1
4	1	−1	−1	−1	1	−1	−1	−1	1	1	1
5	−1	1	1	−1	−1	−1	−1	1	1	1	−1

（续）

次数	x_1x_2	x_1x_3	x_1x_4	x_1x_5	x_1x_6	x_2x_3	x_2x_4	x_2x_5	x_2x_6	x_3x_4	x_3x_5
6	-1	1	-1	1	1	-1	1	-1	-1	-1	1
7	-1	-1	1	-1	1	1	-1	1	-1	-1	1
8	-1	-1	-1	1	-1	1	1	-1	1	1	-1
9	-1	-1	-1	1	-1	1	1	-1	1	1	-1
10	-1	-1	1	-1	1	1	-1	1	-1	-1	1
11	-1	1	-1	1	1	-1	1	-1	-1	-1	1
12	-1	1	1	-1	-1	-1	-1	1	1	1	-1
13	1	-1	-1	-1	1	-1	-1	-1	1	1	1
14	1	-1	1	1	-1	-1	1	1	-1	-1	-1
15	1	1	-1	-1	-1	1	-1	-1	-1	-1	-1
16	1	1	1	1	1	1	1	1	1	1	1
17	0	0	0	0	0	0	0	0	0	0	0
18	0	0	0	0	0	0	0	0	0	0	0
19	0	0	0	0	0	0	0	0	0	0	0
20	0	0	0	0	0	0	0	0	0	0	0
21	0	0	0	0	0	0	0	0	0	0	0
22	0	0	0	0	0	0	0	0	0	0	0
23	0	0	0	0	0	0	0	0	0	0	0
24	0	0	0	0	0	0	0	0	0	0	0
25	0	0	0	0	0	0	0	0	0	0	0
26	0	0	0	0	0	0	0	0	0	0	0
27	0	0	0	0	0	0	0	0	0	0	0
28	0	0	0	0	0	0	0	0	0	0	0
29	0	0	0	0	0	0	0	0	0	0	0
30	0	0	0	0	0	0	0	0	0	0	0
Σ	0	0	0	0	0	0	0	0	0	0	0

次数	x_3x_6	x_4x_5	x_4x_6	x_5x_6	x_1'	x_2'	x_3'	x_4'	x_5'	x_6'	y^2	x_1y	x_2y
1	1	1	1	1	0.27	0.27	0.27	0.27	0.27	0.27	23.62	4.86	4.86
2	-1	1	1	1	0.27	0.27	0.27	0.27	0.27	0.27	21.81	4.67	4.67
3	1	1	-1	-1	0.27	0.27	0.27	0.27	0.27	0.27	79.39	8.91	8.91
4	-1	1	-1	-1	0.27	0.27	0.27	0.27	0.27	0.27	77.26	8.79	8.79
5	-1	-1	-1	1	0.27	0.27	0.27	0.27	0.27	0.27	4.54	2.13	-2.13
6	1	-1	-1	1	0.27	0.27	0.27	0.27	0.27	0.27	5.06	2.25	-2.25

（续）

次数	x_3x_6	x_4x_5	x_4x_6	x_5x_6	x'_1	x'_2	x'_3	x'_4	x'_5	x'_6	y^2	x_1y	x_2y
7	-1	-1	1	-1	0.27	0.27	0.27	0.27	0.27	0.27	48.02	6.93	-6.93
8	1	-1	1	-1	0.27	0.27	0.27	0.27	0.27	0.27	46.10	6.79	-6.79
9	1	-1	1	-1	0.27	0.27	0.27	0.27	0.27	0.27	23.14	-4.81	4.81
10	-1	-1	1	-1	0.27	0.27	0.27	0.27	0.27	0.27	24.70	-4.97	4.97
11	1	-1	-1	1	0.27	0.27	0.27	0.27	0.27	0.27	14.82	-3.85	3.85
12	-1	-1	-1	1	0.27	0.27	0.27	0.27	0.27	0.27	14.75	3.84	-3.84
13	-1	1	-1	-1	0.27	0.27	0.27	0.27	0.27	0.27	55.65	-7.46	7.46
14	1	1	-1	-1	0.27	0.27	0.27	0.27	0.27	0.27	57.61	-7.59	7.59
15	-1	-1	1	1	0.27	0.27	0.27	0.27	0.27	0.27	26.52	-5.15	-5.15
16	1	1	1	1	0.27	0.27	0.27	0.27	0.27	0.27	27.67	-5.26	-5.26
17	0	0	0	0	2.25	-0.73	-0.73	-0.73	-0.73	-0.73	2.96	2.96	0
18	0	0	0	0	2.25	-0.73	-0.73	-0.73	-0.73	-0.73	13.91	-6.41	0
19	0	0	0	0	-0.73	2.25	-0.73	-0.73	-0.73	-0.73	8.76	0	5.09
20	0	0	0	0	-0.73	2.25	-0.73	-0.73	-0.73	-0.73	57.76	0	-13.06
21	0	0	0	0	-0.73	-0.73	2.25	-0.73	-0.73	-0.73	16.24	0	0
22	0	0	0	0	-0.73	-0.73	2.25	-0.73	-0.73	-0.73	67.08	0	0
23	0	0	0	0	-0.73	-0.73	-0.73	2.25	-0.73	-0.73	22.94	0	0
24	0	0	0	0	-0.73	-0.73	-0.73	2.25	-0.73	-0.73	23.04	0	0
25	0	0	0	0	-0.73	-0.73	-0.73	-0.73	2.25	-0.73	22.85	0	0
26	0	0	0	0	-0.73	-0.73	-0.73	-0.73	2.25	-0.73	23.14	0	0
27	0	0	0	0	-0.73	-0.73	-0.73	-0.73	-0.73	2.25	22.00	0	0
28	0	0	0	0	-0.73	-0.73	-0.73	-0.73	-0.73	2.25	24.01	0	0
29	0	0	0	0	-0.73	-0.73	-0.73	-0.73	-0.73	-0.73	22.94	0	0
30	0	0	0	0	-0.73	-0.73	-0.73	-0.73	-0.73	-0.73	22.94	0	0
Σ	0	0	0	0	0.01	0.01	0.01	0.01	0.01	0.01	901.23	-1.05	-6.83

次数	x_3y	x_4y	x_5y	x_6y	x_1x_2y	x_1x_3y	x_1x_4y	x_1x_5y	x_1x_6y	x_2x_3y
1	4.86	4.86	4.86	4.86	4.86	4.86	4.86	4.86	4.86	4.86
2	4.67	-4.67	-4.67	-4.67	4.67	4.67	-4.67	-4.67	-4.67	4.67
3	-8.91	8.91	8.91	-8.91	8.91	-8.91	8.91	8.91	-8.91	-8.91
4	-8.79	-8.79	-8.79	8.79	8.79	-8.79	-8.79	-8.79	8.79	-8.79
5	2.13	2.13	-2.13	-2.13	-2.13	-2.13	2.13	2.13	-2.13	-2.13
6	2.25	-2.25	2.25	2.25	-2.25	2.25	-2.25	2.25	2.25	-2.25
7	-6.93	6.93	-6.93	6.93	-6.93	-6.93	6.93	-6.93	6.93	6.93

（续）

次数	x_3y	x_4y	x_5y	x_6y	x_1x_2y	x_1x_3y	x_1x_4y	x_1x_5y	x_1x_6y	x_2x_3y
8	-6.79	-6.79	6.79	-6.79	-6.79	-6.79	-6.79	6.79	-6.79	6.79
9	4.81	4.81	-4.81	4.81	-4.81	-4.81	-4.81	4.81	-4.81	4.81
10	4.97	-4.97	4.97	-4.97	-4.97	-4.97	4.97	-4.97	4.97	4.97
11	-3.85	3.85	-3.85	-3.85	-3.85	3.85	-3.85	3.85	3.85	-3.85
12	-3.84	-3.84	3.84	3.84	-3.84	3.84	3.84	-3.84	-3.84	-3.84
13	7.46	7.46	7.46	-7.46	7.46	-7.46	-7.46	-7.46	7.46	-7.46
14	7.59	-7.59	-7.59	7.59	7.59	-7.59	7.59	7.59	-7.59	-7.59
15	-5.15	5.15	5.15	5.15	5.15	5.15	-5.15	-5.15	-5.15	5.15
16	-5.26	-5.26	-5.26	-5.26	5.26	5.26	5.26	5.26	5.26	5.26
17	0	0	0	0	0	0	0	0	0	0
18	0	0	0	0	0	0	0	0	0	0
19	0	0	0	0	0	0	0	0	0	0
20	0	0	0	0	0	0	0	0	0	0
21	6.93									
22	-14.08	0	0	0	0	0	0	0	0	0
23	0	8.23	0	0	0	0	0	0	0	0
24	0	-8.25	0	0	0	0	0	0	0	0
25	0	0	8.22	0	0	0	0	0	0	0
26	0	0	-8.27	0	0	0	0	0	0	0
27	0	0	0	8.06	0	0	0	0	0	0
28	0	0	0	-8.24	0	0	0	0	0	0
29	0	0	0	0	0	0	0	0	0	0
30	0	0	0	0	0	0	0	0	0	0
Σ	-17.93	-0.08	0.15	-0.18	17.12	-24.24	0.72	0.38	0.48	-1.38

次数	x_2x_4y	x_2x_5y	x_2x_6y	x_3x_4y	x_3x_5y	x_3x_6y	x_4x_5y	x_4x_6y	x_5x_6y
1	4.86	4.86	4.86	4.86	4.86	4.86	4.86	4.86	4.86
2	-4.67	-4.67	-4.67	-4.67	-4.67	-4.67	-4.67	4.67	4.67
3	8.91	8.91	-8.91	-8.91	-8.91	8.91	-8.91	-8.91	-8.91
4	-8.79	-8.79	8.79	8.79	8.79	8.79	-8.79	-8.79	-8.79
5	-2.13	2.13	2.13	2.13	-2.13	-2.13	-2.13	-2.13	2.13
6	2.25	-2.25	-2.25	-2.25	2.25	2.25	2.25	-2.25	2.25
7	-6.93	6.93	-6.93	-6.93	6.93	6.93	-6.93	6.93	-6.93
8	6.79	-6.79	6.79	6.79	-6.79	-6.79	6.79	6.79	-6.79

（续）

次数	x_2x_4y	x_2x_5y	x_2x_6y	x_3x_4y	x_3x_5y	x_3x_6y	x_4x_5y	x_4x_6y	x_5x_6y
9	4.81	−4.81	4.81	4.81	−4.81	4.81	4.81	4.81	−4.81
10	−4.97	4.97	−4.97	−4.97	4.97	−4.97	−4.97	4.97	−4.97
11	3.85	−3.85	−3.85	−3.85	3.85	−3.85	3.85	−3.85	3.85
12	−3.84	3.84	3.84	3.84	−3.84	3.84	−3.84	−3.84	3.84
13	−7.46	−7.46	7.46	7.46	7.46	−7.46	−7.46	−7.46	−7.46
14	7.59	7.59	−7.59	−7.59	−7.59	7.59	7.59	−7.59	−7.59
15	−5.15	−5.15	−5.15	−5.15	−5.15	5.15	−5.15	5.15	5.15
16	5.26	5.26	5.26	5.26	5.26	−5.26	5.26	5.26	5.26
17	0	0	0	0	0	0	0	0	0
18	0	0	0	0	0	0	0	0	0
19	0	0	0	0	0	0	0	0	0
20	0	0	0	0	0	0	0	0	0
21	0	0	0	0	0	0	0	0	0
22	0	0	0	0	0	0	0	0	0
23	0	0	0	0	0	0	0	0	0
24	0	0	0	0	0	0	0	0	0
25	0	0	0	0	0	0	0	0	0
26	0	0	0	0	0	0	0	0	0
27	0	0	0	0	0	0	0	0	0
28	0	0	0	0	0	0	0	0	0
29	0	0	0	0	0	0	0	0	0
30	0	0	0	0	0	0	0	0	0
Σ	0.38	0.72	−0.38	−0.38	0.48	0.38	24.8	−1.38	−24.24

次数	$x_1'y$	$x_2'y$	$x_3'y$	$x_4'y$	$x_5'y$	$x_6'y$	$x_1'^2$	$x_2'^2$	$x_3'^2$	$x_4'^2$	$x_5'^2$	$x_6'^2$
1	1.31	1.31	1.31	1.31	1.31	1.31	0.07	0.07	0.07	0.07	0.07	0.07
2	1.26	1.26	1.26	1.26	1.26	1.26	0.07	0.07	0.07	0.07	0.07	0.07
3	2.41	2.41	2.41	2.41	2.41	2.41	0.07	0.07	0.07	0.07	0.07	0.07
4	2.37	2.37	2.37	2.37	2.37	2.37	0.07	0.07	0.07	0.07	0.07	0.07
5	0.58	0.58	0.58	0.58	0.58	0.58	0.07	0.07	0.07	0.07	0.07	0.07
6	0.61	0.61	0.61	0.61	0.61	0.61	0.07	0.07	0.07	0.07	0.07	0.07
7	1.87	1.87	1.87	1.87	1.87	1.87	0.07	0.07	0.07	0.07	0.07	0.07
8	1.83	1.83	1.83	1.83	1.83	1.83	0.07	0.07	0.07	0.07	0.07	0.07
9	1.30	1.30	1.30	1.30	1.30	1.30	0.07	0.07	0.07	0.07	0.07	0.07

（续）

次数	$x_1'y$	$x_2'y$	$x_3'y$	$x_4'y$	$x_5'y$	$x_6'y$	$x_1'^2$	$x_2'^2$	$x_3'^2$	$x_4'^2$	$x_5'^2$	$x_6'^2$
10	1.34	1.34	1.34	1.34	1.34	1.34	0.07	0.07	0.07	0.07	0.07	0.07
11	1.04	1.04	1.04	1.04	1.04	1.04	0.07	0.07	0.07	0.07	0.07	0.07
12	1.04	1.04	1.04	1.04	1.04	1.04	0.07	0.07	0.07	0.07	0.07	0.07
13	2.01	2.01	2.01	2.01	2.01	2.01	0.07	0.07	0.07	0.07	0.07	0.07
14	2.05	2.05	2.05	2.05	2.05	2.05	0.07	0.07	0.07	0.07	0.07	0.07
15	1.39	1.39	1.39	1.39	1.39	1.39	0.07	0.07	0.07	0.07	0.07	0.07
16	1.42	1.42	1.42	1.42	1.42	1.42	0.07	0.07	0.07	0.07	0.07	0.07
17	3.83	-1.26	-1.26	-1.26	-1.26	-1.26	4.95	0.53	0.53	0.53	0.53	0.53
18	8.30	-2.72	-2.72	-2.72	-2.72	-2.72	4.95	0.53	0.53	0.53	0.53	0.53
19	-2.16	6.59	-2.16	-2.16	-2.16	-2.16	0.53	4.95	0.53	0.53	0.53	0.53
20	-5.55	16.91	-5.55	-5.55	-5.55	-5.55	0.53	4.95	0.53	0.53	0.53	0.53
21	-2.94	-2.94	8.97	-2.94	-2.94	-2.94	0.53	0.53	4.95	0.53	0.53	0.53
22	-5.98	-5.98	18.22	-5.98	-5.98	-5.98	0.53	0.53	4.95	0.53	0.53	0.53
23	-3.50	-3.50	-3.50	10.66	-3.50	-3.50	0.53	0.53	0.53	4.95	0.53	0.53
24	-3.50	-3.50	-3.50	10.68	-3.50	-3.50	0.53	0.53	0.53	4.95	0.53	0.53
25	-3.49	-3.49	-3.49	-3.49	10.64	-3.49	0.53	0.53	0.53	0.53	4.95	0.53
26	-3.51	-3.51	-3.51	-3.51	10.70	-3.51	0.53	0.53	0.53	0.53	4.95	0.53
27	-3.42	-3.42	-3.42	-3.42	-3.42	10.44	0.53	0.53	0.53	0.53	0.53	4.95
28	-3.58	-3.58	-3.58	-3.58	-3.58	10.90	0.53	0.53	0.53	0.53	0.53	4.95
29	-3.50	-3.50	-3.50	-3.50	-3.50	-3.50	0.53	0.53	0.53	0.53	0.53	0.53
30	-3.50	-3.50	-3.50	-3.50	-3.50	-3.50	0.53	0.53	0.53	0.53	0.53	0.53
Σ	-8.67	6.43	11.33	3.56	3.56	3.56	17.38	17.38	17.38	17.38	17.38	17.38

次数	$(x_1x_2)^2$	$(x_1x_3)^2$	$(x_1x_4)^2$	$(x_1x_5)^2$	$(x_1x_6)^2$	$(x_2x_3)^2$	$(x_2x_4)^2$	$(x_2x_5)^2$
1	1	1	1	1	1	1	1	1
2	1	1	1	1	1	1	1	1
3	1	1	1	1	1	1	1	1
4	1	1	1	1	1	1	1	1
5	1	1	1	1	1	1	1	1
6	1	1	1	1	1	1	1	1
7	1	1	1	1	1	1	1	1
8	1	1	1	1	1	1	1	1

（续）

次数	$(x_1x_2)^2$	$(x_1x_3)^2$	$(x_1x_4)^2$	$(x_1x_5)^2$	$(x_1x_6)^2$	$(x_2x_3)^2$	$(x_2x_4)^2$	$(x_2x_5)^2$
9	1	1	1	1	1	1	1	1
10	1	1	1	1	1	1	1	1
11	1	1	1	1	1	1	1	1
12	1	1	1	1	1	1	1	1
13	1	1	1	1	1	1	1	1
14	1	1	1	1	1	1	1	1
15	1	1	1	1	1	1	1	1
16	1	1	1	1	1	1	1	1
17	0	0	0	0	0	0	0	0
18	0	0	0	0	0	0	0	0
19	0	0	0	0	0	0	0	0
20	0	0	0	0	0	0	0	0
21	0	0	0	0	0	0	0	0
22	0	0	0	0	0	0	0	0
23	0	0	0	0	0	0	0	0
24	0	0	0	0	0	0	0	0
25	0	0	0	0	0	0	0	0
26	0	0	0	0	0	0	0	0
27	0	0	0	0	0	0	0	0
28	0	0	0	0	0	0	0	0
29	0	0	0	0	0	0	0	0
30	0	0	0	0	0	0	0	0
Σ	16	16	16	16	16	16	16	16

次数	$(x_2x_6)^2$	$(x_3x_4)^2$	$(x_3x_5)^2$	$(x_3x_6)^2$	$(x_4x_5)^2$	$(x_4x_6)^2$	$(x_5x_6)^2$
1	1	1	1	1	1	1	1
2	1	1	1	1	1	1	1
3	1	1	1	1	1	1	1
4	1	1	1	1	1	1	1

（续）

次数	$(x_2x_6)^2$	$(x_3x_4)^2$	$(x_3x_5)^2$	$(x_3x_6)^2$	$(x_4x_5)^2$	$(x_4x_6)^2$	$(x_5x_6)^2$
5	1	1	1	1	1	1	1
6	1	1	1	1	1	1	1
7	1	1	1	1	1	1	1
8	1	1	1	1	1	1	1
9	1	1	1	1	1	1	1
10	1	1	1	1	1	1	1
11	1	1	1	1	1	1	1
12	1	1	1	1	1	1	1
13	1	1	1	1	1	1	1
14	1	1	1	1	1	1	1
15	1	1	1	1	1	1	1
16	1	1	1	1	1	1	1
17	0	0	0	0	0	0	0
18	0	0	0	0	0	0	0
19	0	0	0	0	0	0	0
20	0	0	0	0	0	0	0
21	0	0	0	0	0	0	0
22	0	0	0	0	0	0	0
23	0	0	0	0	0	0	0
24	0	0	0	0	0	0	0
25	0	0	0	0	0	0	0
26	0	0	0	0	0	0	0
27	0	0	0	0	0	0	0
28	0	0	0	0	0	0	0
29	0	0	0	0	0	0	0
30	0	0	0	0	0	0	0
Σ	16	16	16	16	16	16	16

根据式(8.9)~式(8.12),计算得回归系数如表 8.7 所列。

表 8.7 回归系数计算结果列表

回归系数	计算值	回归系数	计算值	回归系数	计算值	回归系数	计算值
a	5.16	b_1	-0.04792	b_2	-0.31173	b_3	-0.81835
b_4	-0.00365	b_5	0.00685	b_6	-0.00822	b_{11}	-0.49885
b_{22}	0.36997	b_{33}	0.65190	b_{44}	0.20483	b_{55}	0.20483
b_{66}	0.20483	b_{12}	1.07	b_{13}	-1.515	b_{14}	0.045
b_{15}	0.02375	b_{16}	0.03	b_{23}	-0.08625	b_{24}	0.02375
b_{25}	0.045	b_{26}	-0.02375	b_{34}	-0.02375	b_{35}	0.03
b_{36}	0.02375	b_{45}	1.55	b_{46}	-0.08625	b_{56}	-1.515

根据式(8.5),进行回归方程的回代,得

$$x_1' = x_1^2 - \frac{1}{30}\sum_{i=1}^{30} x_{1i}^2 = x_1^2 - 0.7303 \tag{8.15}$$

$$x_2' = x_2^2 - \frac{1}{30}\sum_{i=1}^{30} x_{2i}^2 = x_2^2 - 0.7303 \tag{8.16}$$

$$x_3' = x_3^2 - \frac{1}{30}\sum_{i=1}^{30} x_{3i}^2 = x_3^2 - 0.7303 \tag{8.17}$$

$$x_4' = x_4^2 - \frac{1}{30}\sum_{i=1}^{30} x_{4i}^2 = x_4^2 - 0.7303 \tag{8.18}$$

$$x_5' = x_5^2 - \frac{1}{30}\sum_{i=1}^{30} x_{5i}^2 = x_5^2 - 0.7303 \tag{8.19}$$

$$x_6' = x_6^2 - \frac{1}{30}\sum_{i=1}^{30} x_{6i}^2 = x_6^2 - 0.7303 \tag{8.20}$$

最终,六元二次回归方程式(8.13)系数如表 8.8 所列。

表 8.8 六元二次回归方程式(8.13)系数

公式系数	计算值	公式系数	计算值	公式系数	计算值	公式系数	计算值
a	4.33	b_1	-0.04792	b_2	-0.31173	b_3	-0.81835
b_4	-0.00365	b_5	0.00685	b_6	-0.00822	b_{11}	-0.49885
b_{22}	0.36997	b_{33}	0.65190	b_{44}	0.20483	b_{55}	0.20483
b_{66}	0.20483	b_{12}	1.07	b_{13}	-1.515	b_{14}	0.045
b_{15}	0.02375	b_{16}	0.03	b_{23}	-0.08625	b_{24}	0.02375
b_{25}	0.045	b_{26}	-0.02375	b_{34}	-0.02375	b_{35}	0.03
b_{36}	0.02375	b_{45}	1.55	b_{46}	-0.08625	b_{56}	-1.515

8.2.4 结果分析

根据回归理论,可以认为回归系数无论一次项、二次项、交互项绝对值的大小可以判断各因素的相对重要性,直接反映因素作用的大小。另外,回归系数的符号反映了因素对试验指标影响的正负。回归系数贡献大小参见图 8.5。

为进一步研究两两自变量对于响应变量的影响,基于已获得的响应方程式(8.13),笔者运用 MATLAB 软件编写了程序,给出了两两因素的响应面曲线及等高线图。图形结果详见附录 C。

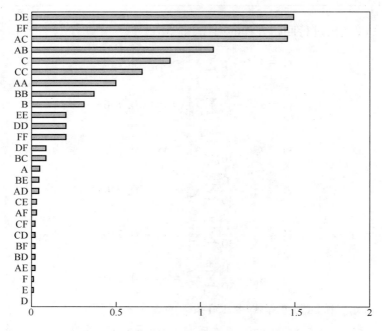

图 8.5 回归系数贡献大小图

(A~E 对应因素 1~因素 6,其他符号分别表示两次项或交互项)

根据回归分析理论[107],回归方程的最终验证以实际试验验证为准。为此笔者另外随机选取 5 组 6 因素的不同水平组合,分别进行回归方程预报计算和输入 ADAMS 模型振动仿真分析,并将计算预报值与仿真值进行对比验证,其验证曲线如图 8.6 所示。由图 8.6 可以看出,方程预报值与仿真值吻合得较好。

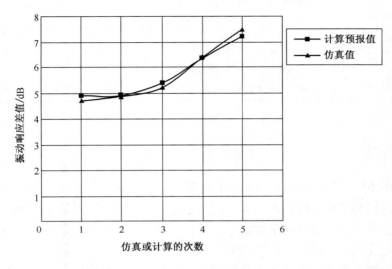

图 8.6　方程计算预报验证曲线

8.3　给定振动目标值反求橡胶元件特性

假如给定一个车辆 NVH 变化目标值,可以通过求解下述方程从理论上反求橡胶元件的力学特性。

$$\Delta = \left| \hat{y}_{\text{target}} - \left(a + \sum_{j=1}^{n} b_j x_j + \sum_{k<j} b_{kj} x_k x_j + \sum_{j=1}^{n} b_{jj} x_j^2 \right) \right| \rightarrow \text{minimum} \quad (8.21)$$

这里不妨取 $\hat{y}_{\text{target}} = 6$,显然,计算式(8.21)的工作量是巨大的。

假设所有橡胶衬套下降或变化速率都是相等的,在 $j = 6$ 时,则式(8.21)可以简化为

$$\Delta = \hat{y}_{\text{target}} - a - \left(\sum_{j=1}^{n} b_j \right) x + \left(\sum_{k<j} b_{kj} + \sum_{j=1}^{n} b_{jj} \right) x^2 = 0 \quad (8.22)$$

式(8.22)计算步骤如下:

$$6 - 4.33 - (-1.18302)x - (0.72876)x^2 = 0$$

$$0.72876x^2 - 1.18302x - 1.67 = 0$$

$$x_1 = 2.5293 \,(\text{舍去})$$

$$x_2 = -0.9060$$

取 $x_2 = -0.9060$,则根据编码式(8.8),各组衬套特性值均可计算求得。这里仅给出因素 1 的 B10 号衬套的各向刚度反求值,见表 8.9。其余衬套的计算方法均同。

表 8.9　B10 衬套反求特性值示例

因素　　橡胶编号　　刚度	计算水平值	径向刚度 k_x /(N/mm)	径向刚度 k_y /(N/mm)	轴向刚度 k_z /(N/m)	弯曲刚度 θ_x /(N·mm/°)	弯曲刚度 θ_y /(N·mm/°)	扭转刚度 θ_z /(N·mm/°)
因素 1　　B10	−0.9060	389.755	4033.124	4033.124	1525.131	63377.661	63377.661

8.4　小结

　　车辆的 NVH 性能是现代车辆设计中需要重点提高的性能,汽车 NVH 特性的研究不仅仅局限于振动噪声的范畴,还包括汽车零部件设计以及强度和可靠性分析等内容。其中最重要的就是在高行驶里程下汽车关键零部件如悬架橡胶元件的磨损及特性变化对 NVH 特性的影响等问题。

　　本章主要研究悬架橡胶元件对于车辆 NVH 性能影响的分析方法。利用精确的符合车辆实际的 ADAMS 仿真模型,组合运用正交试验设计和多元高次回归分析理论等数学工具,进行橡胶元件对于汽车 NVH 性能影响的定量分析,建立橡胶元件特性与整车 NVH 特性之间的响应方程式。综合本书所述的理论路线及最终的验证曲线均能说明该响应方程的有效性。同时,基于该方程式,可以根据给定的振动目标值,来反求橡胶件的力学特性。

　　需要特别指出的是,本章所进行的这种方法研究很难进行实际车辆的反复评估。但可以很清晰地在 CAE 仿真模型中演示和分析。

第9章
悬架橡胶弹性元件设计技术发展

9.1 更为优良的力学性能

随着悬架设计技术的发展,对悬架用橡胶弹性元件提出了更高的要求。要求橡胶元件具有高的力学性能及耐环境性能,进一步提高橡胶元件各向或个向的承载能力。图9.1、图9.2所示为一多层复合橡胶衬套,由外至内分别包括金属轴套、聚甲醛类塑料轴套、橡胶体、金属体,各轴套通过硫化工艺、过盈压配合成在一起[108]。

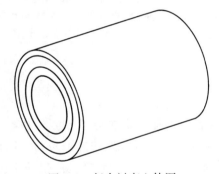

图9.1　复合衬套立体图

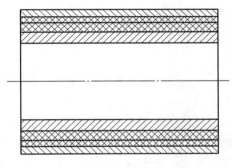

图9.2　复合衬套剖面图

与传统的橡胶衬套结构相比,该弹性衬套增加了中间聚甲醛类塑料轴套,并相应减薄了橡胶材料的厚度,由于聚甲醛类塑料硬度远远高于橡胶,所以该衬套的刚度,尤其是径向刚度要远高于传统结构,又由于该衬套依然保留了橡胶部分,所以仍然具有弹性变形的特点。同时,由于刚度加大,应力减少,该衬套的疲劳寿命也优于传统的衬套。

图9.3所示为一种悬架限位块剖面图,垂向剖面橡胶体边沿呈凹凸状,以提供理想的非线性力学特征。

图9.4、图9.5所示为一复合扭转橡胶弹簧[109],由金属外圈、金属止挡、橡胶

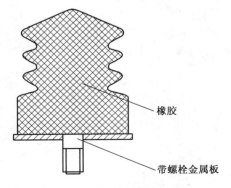

橡胶

带螺栓金属板

图9.3　悬架限位块剖面图

体、金属圆柱及金属内圈结构组成。其上端采用金属止挡,加大了橡胶体的压缩量,从而提高了扭转橡胶弹簧的扭转和轴向及径向承载能力;另一端采用橡胶体翻边结构,从而缓和扭转橡胶弹簧轴向的振动和冲击。同时,在橡胶体中复合数量不等的金属圆柱,进一步提高了扭转橡胶弹簧的扭转和径向承载能力。

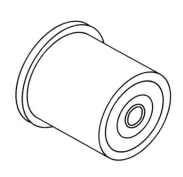

图 9.4 复合扭转弹簧立体图

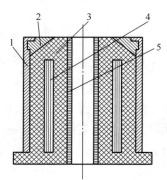

图 9.5 复合扭转弹簧剖面图
1—金属外圈;2—金属止挡;3—橡胶体;
4—金属圆柱;5—金属内圈。

9.2 更优的结构适应性

在汽车悬架设计中,在悬架上方的车身或者车架往往设置有橡胶限位块。用来限制悬架行程,防止悬架击穿,吸收从车轮传到车身或者车架的冲击载荷。该橡胶限位块一般由安装金属底板与橡胶块两部分组成。当汽车经常行驶在恶劣路面时,橡胶限位块会承受频繁的冲击载荷,一旦橡胶件出现撕裂或者从金属底板上脱落,往往导致该限位装置彻底失效。从而影响车辆的行驶性能。

图 9.6 所示为一种汽车悬架的多层橡胶限位块[110],包括多个金属底板和多

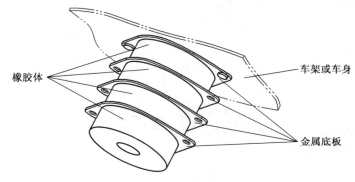

橡胶体

车架或车身

金属底板

图 9.6 多层橡胶限位块

个橡胶体连接在一起,橡胶件与金属底板硫化连接在一起。金属底板两端均留有安装孔位。橡胶件中间均开通孔。在汽车使用过程中,如果橡胶件发生疲劳损伤或者从金属底板脱落,那么可以将金属底板作为安装底板,如图 9.7 所示,使该限位装置仍能发挥一定的限位和缓冲作用,避免装置完全失效。同时,在橡胶体中间增加了一金属板件支承,提高了橡胶限位块的刚度。橡胶体中间的金属底板和橡胶体上下方向的通孔设置,可以大幅度提高该橡胶限位块的散热能力,从而提高了橡胶件的抗老化性能,最终提高该橡胶限位块的疲劳寿命。

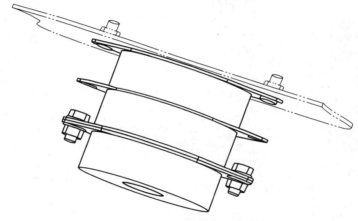

图 9.7　限位块部分失效

目前,在汽车的悬架结构中,上、下摆臂采用 A 型臂的结构非常普遍。因这种 A 型臂结构可以很好地承受车辆的纵向力、侧向力等。A 型摆臂与车身的连接,一般采用金属轴套与橡胶的复合结构的衬套。橡胶体的主体结构为圆柱状。这种橡胶衬套因具有良好的隔振性能,具有设计者所期望的弹性特性等优点,成为汽车上不可缺少的重要元件。

但在汽车实际使用中,该衬套的橡胶体受力均匀性差,局部承载过大,造成早期磨损严重,已经成为该型悬架的最容易失效的部件之一。传统的改进方法多集中在改进橡胶胶料配方工艺,提高橡胶的耐磨性方面。

图 9.8 所示为 A 型摆臂及衬套安装位置示意,图 9.9 所示为衬套剖面图[111],该摆臂连接衬套,包括金属轴套 1、金属支承件 3 和一个橡胶支承件 2,连接在一起的复合弹性衬套,橡胶体通过硫化或者过盈压配与金属轴套 1 和金属支承件 3 合成在一起,橡胶体的横截面呈双弧形,弧形弧心与 A 型摆臂另一端的球铰中心相吻合。

与传统的衬套结构相比,本橡胶体为双弧形结构,因此橡胶体能均匀承受车辆的侧向力、垂向力,并对车辆的纵向力具有回正性能。由于该新型衬套橡胶体受力均匀,摆脱了圆柱形橡胶体局部受力的不足,从而提高了衬套的疲劳寿命。

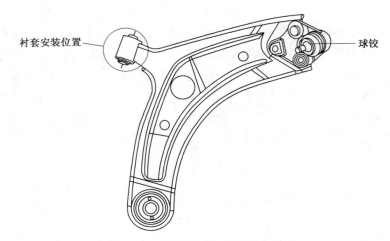

衬套安装位置

球铰

图 9.8　A 型摆臂及衬套安装位置示意

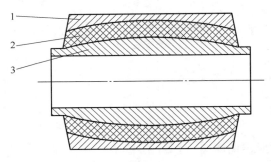

1
2
3

图 9.9　摆臂衬套剖面图

1—金属轴套;2—橡胶支承件;3—金属支承件。

9.3　轻量化的要求

对于橡胶弹性元件来说,典型结构大多为橡胶与钢材复合的三明治结构。与纯橡胶体相比,这种结构具有良好的力学性能和安装方便性。由于钢材的密度是橡胶材料的 7~8 倍,因此橡胶金属复合的橡胶元件产品的质量远比纯橡胶件的质量要高,通常是纯橡胶件的 4~5 倍,从而与汽车轻量化发展方向不符合。同时,研究表明,降低橡胶体内部包裹的金属件的质量对于橡胶元件的疲劳寿命具有积极的意义。

如图 9.10 所示,为了提高单向径向刚度,在橡胶体包裹了金属钢片。如果将金属钢片换成铝片,产品的径向承载能力与钢片制品相同。试验还表明,橡胶元件的疲劳寿命进一步提高 15%。

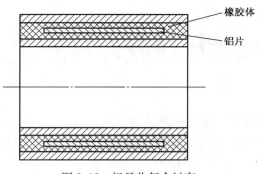

图 9.10　轻量化复合衬套

9.4　环保型发展方向

橡胶材料在生产过程中往往会添加多环芳烃等添加剂。这些添加剂大多具有一定程度的致癌性,对环境有不良的影响。同时,橡胶制品原材料中最常见的重金属是铅和镉,虽然在原材料中所占的比例微小,但对环境的破坏性也不容忽视。同时,橡胶元件在完成使用期限后,大多当作废弃物处理。但是,传统的橡胶元件,自然状态下难以短时间裂解。如果采用焚烧的方式,会散发出包含二噁英在内的毒性极强的有机化合物。因此,如何处理废旧的橡胶元件成为橡胶工业的一大难题和重要的技术内容[112]。

因此,从环保型发展方向来看,橡胶制品的生产要求采用环保型添加剂,生产的橡胶制品完全符合环保要求,这种符合要求的橡胶元件在使用过程中对人体、生物及自然环境均没有危害。

第 10 章
汽车悬架系统集成软件开发

产品系列化、零部件通用化和产品设计的标准化是现代汽车设计的基本要求之一。当今世界范围内汽车工业的激烈竞争,其焦点已集中在新车型的开发效率上,汽车公司的兴盛靠的是旗下车型的不断推陈出新,可是目前传统的汽车设计方法远不能适应新形式下新车型开发的节奏。系统集成与模块化技术的思想有利于整合汽车零部件的继承性,降低设计成本,缩短开发周期。

悬架及底盘系统集成开发平台项目是上海同捷科技有限公司承接的浙江省科技厅的科技招标项目。由于这个项目的工作量巨大,根据实际情况,整个项目在 3 年内完成,并分阶段实施、考核、验收。笔者从 2004 年开始负责该项目的组织和具体设计工作,直至该项目的主体设计工作完成。

10.1 总体设计思路

悬架及底盘系统集成开发平台项目包括大量的工作内容,该系统针对汽车产品开发的特性,采用系统集成与模块化技术,系统间通过数据流相互连通。整个系统的数据库采用数据库系统 Oracle 建成,可以由用户不断扩张;借助 CAD/CAM 三维软件 PRO_E 的二次开发工具 Pro/TOOLKIT API,在二次开发的基础上,建立了底盘三维参数化总布置设计的开发平台,完成系统实体数据模型的生成和参数驱动工作;借鉴 ADAMS/CAR 的特点,在 ADAMS/View 的基础上开发出专用的虚拟试验平台,提供一个包含众多特性文件的文件数据库,实现方便快捷地建立整车模型、执行整车动力学仿真的目标,并完成悬架系统运动学、动力学和整车性能仿真计算等功能。

根据总体的设计思路,系统总体框架如图 10.1 所示,该系统主要包括 5 个功能模块,具体模块名称和内容见表 10.1。

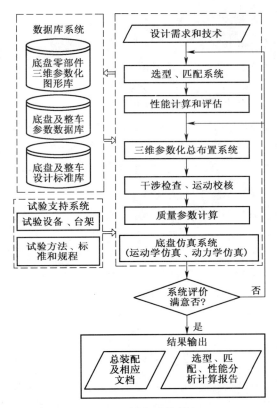

图 10.1　系统总体框架

表 10.1 系统模块组成

软件名称	模块名称	具 体 内 容
悬架及底盘系统集成开发平台	数据库	(1)储存常见底盘各分总成零部件的三维参数化模型 (2)储存包括整车、底盘和各分总成零部件的主要结构性能参数 (3)集成底盘及整车设计相关的 ISO 标准、国家标准和行业内公认的标准
	选型、匹配模块	神经网络进行悬架选型、优化算法及专家经验进行总布置参数匹配
	底盘性能初步估算模块	从汽车理论设计的角度,将动力性、经济性、操纵稳定性、平顺性等性能的计算公式和计算方法转化为专业软件,能够对已有选型后的底盘性能加以初步评估
	三维参数化总布置设计系统	在三维软件 Pro/E 环境下进行底盘的三维总布置设计,实现底盘各总成的快速布置与修改及各总成位置参数及主要尺寸参数在一定界面内的参数化修改;可进行静态干涉检查、间隙检查等
	底盘仿真模块	建立悬架结构的运动学分析模型,进行悬架运动学、动力学仿真分析及整车制动性能、操纵稳定性和平顺性分析

10.2 数据库结构设计及功能

10.2.1 数据库结构设计

为了使系统能有效地存储数据,并满足选型、匹配和三维参数化总布置设计等的各种需要,需要建立功能强大的数据库。而数据库设计是建立数据库及其应用系统的核心和基础,它要求对于指定的应用环境,构造出较优的数据库模式。数据库基本结构如图 10.2 所示。

数据格式采用统一的三维建模标准。

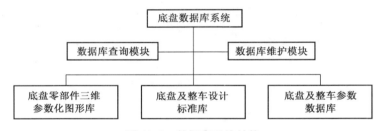

图 10.2 数据库系统结构

由图 10.2 可知,数据库主要由三部分组成。其中:底盘零部件三维参数化图形库主要储存常见底盘各分总成零部件的三维参数化模型(包括分总成坐标系和各特性点的坐标),供总布置装配时查询、调用;底盘及整车参数数据库储存包括整车、底盘和各分总成零部件的主要结构性能参数,既可供选型、匹配时查询、调用,又可在设计过程中为设计人员提供参考;底盘及整车设计标准库是规范设计过程的保障,集成了大量与底盘及整车设计相关的 ISO 标准、国家标准和行业内公认的标准,并以网页的形式集成到底盘总布置设计系统中,设计人员可以根据需要随时通过 IE 调用、查阅。

图形数据库模块分为悬架部分、减振器及悬架弹簧部分、制动器部分、真空助力器及总泵部分、等速驱动轴部分和转向器部分。

参数数据库模块的数据结构分为整车结构性能参数(具体内容见示例)、发动机结构性能参数、离合器结构性能参数、变速器结构性能参数、等速驱动轴结构性能参数、悬架弹簧及减振器总成结构性能参数、制动器结构性能参数、真空助力器及总泵结构性能参数、转向器结构性能参数、车轮定位参数和底盘性能评价指标。

以整车结构性能参数为示例,它包含的信息如下:汽车型号、汽车类别、生产企业;总质量、乘员数、整车装备质量;总长、总宽、总高、轴距、前轮距、后轮距、最小离地间隙、接近角、离去角；驱动型式、最高车速、最大爬坡度、加速时间、最小转弯半径、等速百公里油耗、制动距离；发动机型号、发动机排量、最大功率、最大扭矩；前悬架型式、后悬架型式；前制动型式、后制动型式；转向器型式；轮辋规格、轮胎型号。

10.2.2　数据库功能

（1）单一查询。可根据零部件的型号、适用车型、生产企业、主要外形参数或关键性能参数进行查询，若找到记录，数据库指针指向此记录，显示出数据内容，若未找到，信息提示。

（2）复合查询。可根据零部件的型号、适用车型、生产企业、主要外形参数和关键性能参数进行复合查询，若找到数据，则指向第一条符合的记录，若未找到，则信息提示。

（3）模糊查询。单一查询和复合查询都具备不限定的模糊查询，选择不限定检查可进行模糊查询。

（4）参数的添加。可以根据需要随时往里扩充新的数据内容，添加新记录。

（5）参数的修改。可动态修改已存储的记录。

（6）记录另存。可修改当前记录，并另存为其他记录。

（7）统计结果。可以以不同的方式显示库中底盘参数的统计结果，可以在主界面中逐一浏览统计结果，可以在统计表格中总览统计结果，也可通过直观的统计图形来分析统计数据。

（8）数据统计。对数据库中各项参数进行统计，产生分布图及各项统计数据提交用户，分布图可随统计密度参数变化，特征值包括最大值、最小值、平均值、标准差、方差和样本空间。

（9）统计直方图。可以根据统计密度、特征值输出所选输出项相关统计直方图。

（10）数据报表。可以逐一地浏览底盘及零部件的相关参数，并以报表的形式打印。

10.3　选型、匹配模块设计

随着计算机的普遍应用，汽车设计正从人工设计向计算机辅助设计转化，以达到提高效率、性能最优的目的。为此必须将汽车理论知识与人工智能、优化技术结合起来，对设计产品的性能进行选型、匹配，这样将大大减少用于试制、试验的时间和费用，提高汽车设计的效率和质量。该选型匹配模块主要实现 3 个方面内容的选型匹配，具体内容如表 10.2 所列。下面简要介绍传动系统参数匹配的内容。

传统上,发动机与整车传动系统的匹配,一般是通过经验和试验对比的方法进行。工作量大,效率低,成本高,效果差。随着计算机技术的发展,最优化方法得到了迅速发展并在工程中得以广泛应用[113]。传动系统参数匹配子模块以百公里油耗最少为目标,建立了最优化数学模型。该子模块主要步骤如下:根据前面已经确定的发动机型式,用数组形式输入发动机的万有特性;基于城市使用工况建立燃油消耗量这一目标函数;约束条件主要是参照多种同类车型的参数确定上边界和下边界,如直接挡最大动力因数取 $0.07 \leqslant D_{0max} \leqslant 0.09$;建立整车传动系统匹配的最优化数学模型,采用复合形法优化算法进行求解,优选各挡传动比及主减速比。使用该程序,可以快速实现发动机与整车传动系统的最优化匹配。

表 10.2　选型匹配模块的主要内容

项目	发动机选型	传动系统参数匹配		悬架类型选型
选型的主要指标	功率、扭矩、转速	主减速比	各挡传动比	悬架类型
实现算法	理论计算专家经验	优化方法(燃油消耗最小为目标函数)		神经网络

在表 10.2 中,建立基于神经网络的悬架选型系统,可进行悬架型式智能选型,为使用者提供设计参考,参见文献[19]介绍。基于专家经验的发动机选型模块参见文献[114]介绍。

10.4　三维参数化总布置设计系统

10.4.1　系统简述

三维参数化总布置设计系统主要是在三维软件 Pro/E 环境下,利用 Pro/TOOLKIT 提供的用户化开发工具箱进行二次开发,实现底盘各总成的快速布置与修改,并可实现各总成位置参数及主要尺寸参数在一定界面内的参数化修改;在底盘总布置的基础上可进行底盘零部件的静态干涉检查以及部分运动件的极限位置干涉情况检查;提高了底盘总布置设计的速度和质量。

三维参数化总布置设计系统的步骤:设计人员根据设计任务书确定的整车性能参数、质量参数和几何参数,通过运行"选型、匹配系统"和"性能初步计算、评估系统"挑选出可行的发动机、离合器、传动系统、悬架、制动器、转向器及车轮等各分总成的型式,并得出各分总成的结构性能参数,然后到数据库中查询到相应满足的三维参数化模型,进入总布置系统进行装配,接着选择一个的定位方式,然后从数据库里读出相应的装配约束条件,把总成装到底盘上去;最后,用户可根据需要对已经布置好的底盘总成进行位置调整,如果一般的位置调整不能满足设计要求,也可删除此总成,重新进行装配布置。三维参数化总布置系统模块界面见图 10.3。

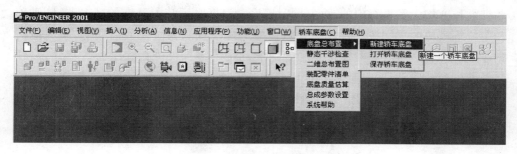

图 10.3　三维参数化总布置系统模块界面

10.4.2　三维参数化总布置系统设计

1. 底盘坐标系和各分总成坐标系[115]

底盘总布置设计是在空间进行的,因此为了准确定位安装各零部件模块,应建立底盘坐标系和各分总成坐标系。为了定位方便,将两种坐标系都采用笛卡儿坐标系。

底盘坐标系以汽车纵向垂直对称面与两前轮中心连线的交点为原点,竖直向上为 Z 轴正向,沿前轮中心连线向右为 Y 轴正向,向后取 X 轴正向,如图 10.4 所示。各分总成坐标系以有利于装配的原则分别定义。

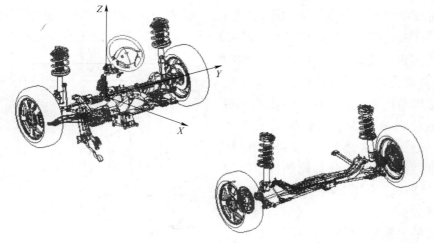

图 10.4　底盘坐标系

2. 零部件及系统三维参数化模型

底盘三维参数化总布置设计就是用一定量的参数控制零部件的三维参数化模型,通过修改这些参数改变零部件的结构尺寸及空间位置,从而实现不同的总布置方案。例如,按照变形设计的要求,当轮距发生变化时,基板模块中横向稳定杆和副车架的横向长度以及转向器模块中转向横拉杆的长度、传动系统模块中等速驱动轴的长度均应发生相应的改变,同时以底盘坐标系为装配基准的减振器、制动器和车轮等模块的空间位置及相关参数也应对应改变。为实现上述功能,首先应对副车架、横向稳定杆、转向横拉杆和等速驱动轴等零部件进行三维参数化建模,使其长度可参数驱动,同时基于 Pro/E 二次开发通过程序驱动实现不同模块之间的位置及相关参数关联变化。以"轮距"为控制参数的底盘三维参数化总布置变形设计效果如图 10.5 和图 10.6 所示。

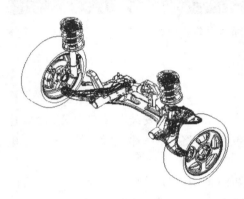 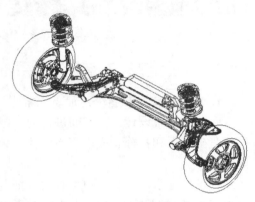

图 10.5 轮距改变前前悬架总布置效果　　图 10.6 轮距增大后前悬架总布置效果

3. 总布置装配关系树型结构

将底盘装配体中的各分总成及其子部件和零件结构化成装配关系树,以便协调零部件之间在尺寸参数和位置参数间的相互关系,实现底盘零部件合理的三维参数化布置。所以,在底盘总布置装配之前,需要先建立底盘参数化总体装配的关系树型结构。参数化总装配关系树型结构的根节点为所要建立的底盘文件,各分总成模块作为树型结构的一级子节点,对于复杂的分总成如包含有转向器、转向盘、转向轴等的转向器总成还有二级甚至三级子节点。父节点与子节点之间的关系由相关参数联系,这些参数包括配合参数和安装定位参数(尺寸参数、位置参数),如图 10.7 所示。

4. 总布置装配实施方式

将底盘坐标系固定在基板上,当确定了悬架的型式后,从图形库中调出相

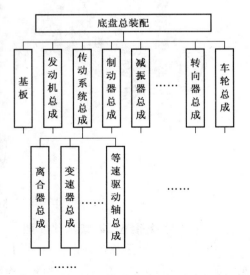

图 10.7 总布置装配关系树型结构框图

应的三维数模。各分总成在底盘坐标系中的位置采用两种装配方式引入：坐标点装配和通过约束装配。图 10.8 所示为装配过程软件界面。

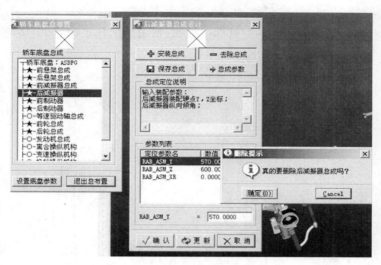

图 10.8　装配过程软件界面

5. 干涉检查和运动校核

三维模型的装配工作完成之后，需要对各分总成之间的位置关系进行干涉检查，并且对有相对运动关系的各分总成进行运动校核。

Pro/E 软件自附的干涉检查功能是静态的，通过对其进行二次开发，建立了一个动态、智能的干涉检查程序，实现了在装配过程中进行实时检查，实时提示用户修改。

对那些有相对运动关系的分总成，本设计系统还提供了基本的运动校核功能。例如，转向轮极限转向角工况下和极限轮跳工况下进行的运动学分析，主要检查相关零部件的运动干涉情况。

10.5　仿真模块设计和 ADAMS 二次开发

10.5.1　仿真模块设计

底盘仿真模块主要利用机械系统动力学分析软件 ADAMS，建立悬架系统、整车的多体动力学虚拟模型，分析底盘运动学和动力学仿真分析，进行悬架系统的优化设计，确保良好的车辆行驶平顺性和操纵稳定性，实现悬架定位参数的优化，并可以修改挂点位置、轮距和轴距等参数，完成目标底盘的参数修改，进行仿真分析，输出相关特性曲线。主要仿真内容如下：

（1）悬架系统。根据样车的数模在 ADAMS/View 中建立仿真模型,创建悬架特性曲线:主销内倾角随轮跳的变化曲线、主销后倾角随轮跳的变化曲线、前轮外倾角随轮跳的变化曲线、前轮接地点侧向滑移量随轮跳的变化曲线。并以车轮接地点侧向滑移量绝对值最小作为目标函数,分析敏感的挂点位置,对敏感挂点进行优化。仿真曲线示例如图 10.9 所示。

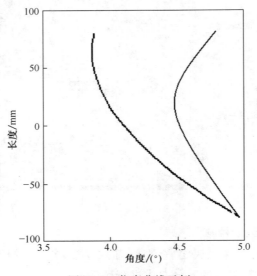

图 10.9　仿真曲线示例

（2）整车系统。根据样车的数模在 ADAMS/View 中建立底盘系统的仿真模型,包括前悬架模型、转向机构模型、后悬架模型、轮胎和地面谱。模型经仿真分析和试验、调试,确认其与实车性能的一致性符合要求后,可以进行参数化建模、分析和优化设计。创建整车操纵稳定性的特性曲线:稳态回转性分析、转向盘角阶跃输入下的瞬态响应。同时可以创建不同车速下的平顺性仿真曲线。最后对设计结果进行评价,部分经优化后的结构性能参数可以反馈到"选型、匹配系统"影响选型;反馈到"三维参数化总布置系统"驱动零部件的对应尺寸参数或位置参数,从而形成优化的总布置方案。

10.5.2　ADAMS 二次开发

由于将汽车考虑为一个复杂的多体系统,与经典方法相比,建模的工作量明显增加。而且应用人员需要有较强的力学背景知识,再加上车辆动力学的各种工况的复杂性,以及建模过程中复杂的拓扑结构、子系统之间通畅的通信要求等问题,使一般的产品设计人员较难直接应用多体通用程序进行虚拟样机模拟解决实际问题。

同时,也是为了对应于三维总布置参数化模块,并适应普通设计人员能快速掌握本模块,对 ADAMS 进行了二次开发。图 10.10 所示为仿真模型三维参数化修改软件界面。图 10.11 所示为 ADAMS 虚拟试验二次开发模块菜单。虚拟试验包含平顺性试验和操纵稳定性试验等,与试验相关的建模工作由程序后台完成。

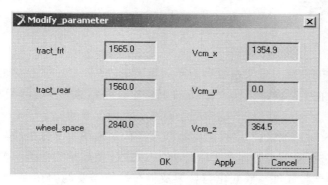

图 10.10 ADAMS 整车模型参数化软件界面

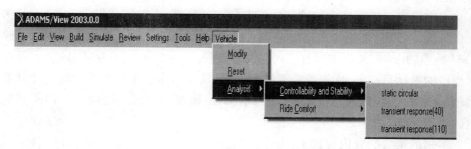

图 10.11 ADAMS 虚拟试验二次开发模块菜单

上述二次开发子模块,一般产品设计人员均可直接使用,降低软件使用者的要求,提高了仿真的工作效率。

10.6 小结

本章旨在为汽车产品的研究开发提供集成的设计开发平台,通过集成工程数据库、人工智能和优化技术及虚拟设计系统等,用系统集成与模块化的思想,依托数据流和数据库系统的支持,建立了较为完整的现代汽车悬架及底盘系统集成开发平台,以达到缩短设计周期、提高设计质量的目的。

本章具体介绍包括数据库、选型、匹配、三维参数化总布置设计及性能仿真等过程的设计系统的开发思路,描述了该系统主要模块的基本原理和结构功能等。

该系统设计科学、合理,使用操作直观,设计过程完整、高效,适用于悬架及底盘的变形设计。

第 11 章
全文总结

橡胶元件的性能对悬架系统有着至关重要的作用,尤其对于高速行驶的车辆显得更为重要。在实际设计工作中,存在如何确定这些零部件性能的要求,根据这些要求如何设计出合理的零部件等诸多问题。本书应用车辆动力学理论、优化方法、计算机仿真技术等,对悬架橡胶元件、悬架与整车进行系统动力学分析、建模、仿真及试验研究,提出了进行悬架橡胶衬套理论分析、工程设计及其相关性能参数确定的工程设计方法。观察橡胶元件参数变化与悬架及整车性能需要的内在规律,努力探索汽车悬架的内部工作机理,并进行汽车悬架设计理论分析与研究工作。

本书讨论悬架系统中橡胶元件性能的理论计算、有限元分析、试验测试等多种分析方法,探讨了橡胶衬套对于悬架弹性运动学的影响,以及橡胶元件对于整车NVH 特性的影响,并建构两者之间的关系方程式,在此响应方程的基础上,可以根据指定的振动目标值,反求橡胶元件的性能,从而为这些零部件的正向设计开发提供理论依据。本书中以多连杆悬架为示例,但研究分析的结论同样适用于其他类型的悬架系统。

本书的主要研究内容如下:

首先总结了悬架设计开发过程中的一般设计理论和方法,并对所用到的主要研究工具 ADAMS 软件的理论基础及算法做一简单介绍。

汽车悬架用橡胶元件是重要的承载结构零件,为了精确分析车辆悬架系统的动力学特性,必须对衬套的力学性能进行准确的力学分析。归纳了橡胶材料的基本技术,总结了适合汽车悬架用的几种橡胶本构理论,讨论了悬架系统中橡胶元件的性能及其理论计算方法,并指出这些方法对于规整形状的橡胶元件在小变形的范围内具有参考意义,对于一些新型的橡胶元件,如含有复合钢片、带减弱孔的橡胶元件,理论计算公式则基本无效,因此,理论计算在工程实际使用仍具有很大的局限性。

通过笔者参与的实际衬套研究试验工作,发现追求通用的理论解的实际工程意义有限,运用有限元方法对橡胶元件进行非线性有限元分析,反映橡胶件的边界条件,如过盈压配、大变形等,台架试验数据对比表明,非线性有限元分析能较好地满足工程的需要。

在车辆设计中,根据弹性运动学的需要普遍使用了橡胶弹性衬套连接。这种弹性橡胶衬套就会对悬架系统的运动学和动力学特性产生影响,从而影响到整车的各项性能。本书开展悬架系统中橡胶元件对于悬架弹性运动学的关系研究,提出了橡胶衬套各向刚度优化设计方法及流程,运用序列二次规划优化算法,进行统一的多目标优化分析,改善车辆弹性运动学特性。优化结果表明,多连杆后悬架的车轮定位参数均得到改善,尤其是前束特性改善效果明显,并基于优化结果,确定橡胶衬套的各向刚度。

研究表明,橡胶元件与整车的 NVH 振动特性紧密相关,本书借助计算机仿真工具对这种相关性进行了方法学研究,探讨悬架橡胶衬套与整车 NVH 性能的影响,组合运用正交设计与高次回归分析理论,拟合建立衬套特性与 NVH 振动特性的方程关系式,并在此基础上能根据指定的振动指标反求橡胶衬套的力学参数。

随着车辆及悬架设计技术的发展,悬架橡胶弹性元件的种类越来越多,新型橡胶弹性元件结构不断出现,书中对悬架橡胶弹性元件的设计趋势进行了归纳总结。

通过上述工作的研究,可以比较深刻地认识到其橡胶弹性元件的性能和悬架及整车相互之间的配合关系,进一步了解其设计机理,为产品的改进和开发提供理论武器,因此这些研究是非常有意义的。

本书最后介绍了笔者参与省级科技攻关课题"汽车悬架及底盘系统集成开发平台",通过集成数据库、专家系统和虚拟设计系统等,建立汽车悬架系统集成开发平台,以实现缩短开发周期、提高产品设计质量的目的。具体包括悬架及底盘零部件数据库、系统选型匹配模块、三维参数化总布置设计系统、底盘仿真分析等模块。介绍该设计系统的总体思路,描述了该系统主要模块的基本原理和结构功能等。

纵观全书,笔者在借鉴了国内外现有成果的基础上进行了一些创新工作,但深感这项研究工作远未结束,由于诸多因素及试验数据积累的限制,书中只能在某几点问题上做了一些工作,很多问题还有待于今后的不断研究和探索。

附录 A
正交表及其表头设计

正交表的定义:设 A 是一个 $n \times k$ 的矩阵,其中第 j 列($j=1,2,\cdots,k$)元素由 1, $2,\cdots,m$ 构成,若矩阵 A 的任意两列搭配均衡,则称 A 为正交表[116]。

正交表是一种设计好的固定格式,其表示形式一般记为 $L_n(m^k)$,其中 L(Latin Square)表示正交表的代号,n 表示行数,也是试验要安排的次数,k 为表中的列数,表示最多可安排的因素个数,m 是各因素的水平数。本书正文所采用的 $L_{16}(2^{15})$,如表 A1 所列。$L_{16}(2^{15})$ 正交表的二列间的交互作用及表头设计分别如表 A2、表 A3 所列。

表 A1 $L_{16}(2^{15})$

列号 试验号	1	2	3	4	5	6	7	8	9	10	11	12	13	14
1	1	1	1	1	1	1	1	1	1	1	1	1	1	1
2	1	1	1	1	1	1	1	2	2	2	2	2	2	2
3	1	1	1	2	2	2	2	1	1	1	1	2	2	2
4	1	1	1	2	2	2	2	2	2	2	2	1	1	1
5	1	2	2	1	1	2	2	1	1	2	2	1	1	2
6	1	2	2	1	1	2	2	2	2	1	1	2	2	1
7	1	2	2	2	2	1	1	1	1	2	2	2	2	1
8	1	2	2	2	2	1	1	2	2	1	1	1	1	2
9	2	1	2	1	2	1	2	1	2	1	2	1	2	1
10	2	1	2	1	2	1	2	2	1	2	1	2	1	2
11	2	1	2	2	1	2	1	1	2	1	2	2	1	2
12	2	1	2	2	1	2	1	2	1	2	1	1	2	1
13	2	2	1	1	2	2	1	1	2	2	1	1	2	2
14	2	2	1	1	2	2	1	2	1	1	2	2	1	1
15	2	2	1	2	1	1	2	1	2	2	1	2	1	1
16	2	2	1	2	1	1	2	2	1	1	2	1	2	2
组	1	2		3				4						

表 A2 $L_{16}(2^{15})$ 二列间的交互作用

列号＼列号	1	2	3	4	5	6	7	8	9	10	11	12	13	14	15
(1)	(1)	3	2	5	4	7	6	9	8	11	10	13	12	15	14
(2)		(2)	1	6	7	4	5	10	11	8	9	14	15	12	13
(3)			(3)	7	6	5	4	11	10	9	8	15	14	13	12
(4)				(4)	1	2	3	12	13	14	15	8	9	10	11
(5)					(5)	3	2	13	12	15	14	9	8	11	10
(6)						(6)	1	14	15	12	13	10	11	8	9
(7)							(7)	15	14	13	12	11	10	9	8
(8)								(8)	1	2	3	4	5	6	7
(9)									(9)	3	2	5	4	7	6
(10)										(10)	1	6	7	4	5
(11)											(11)	7	6	5	4
(12)												(12)	1	2	3
(13)													(13)	3	2
(14)														(14)	1

表 A3 $L_{16}(2^{15})$ 表头设计

列号＼因子数	1	2	3	4	5	6	7	8	9	10	11	12	13	14	15
4	A	B	A×B	C	A×C	B×C		D	A×D	B×D		C×D			
5	A	B	A×B	C	A×C	B×C	D×E	D	A×D	B×D	C×E	C×D	B×E	A×E	E
6	A	B	A×B	C	A×C	B×C		D	A×D	B×D	E	C×D		F	C×E
			D×E		D×F	E×F			B×E	A×E		E×F			B×F
			C×F												
7	A	B	A×B	C	A×C	B×C		D	A×D	B×D	E	C×D	F	G	C×E
			D×E		D×F	E×F			B×E	A×E		A×F			B×F
			F×G		E×G	D×G			C×F	C×G		B×G			A×G
8	A	B	A×B	C	A×C	B×C	H	D	A×D	B×D	E	C×D	F	G	C×E
			D×E		D×F	E×F			B×E	A×E		A×F			B×F
			F×G		E×G	D×G			C×F	C×G		B×G			A×G
			C×H		B×H	A×H			G×H	F×H		E×H			D×H

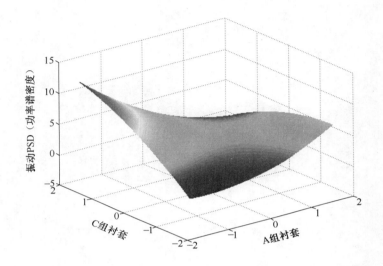

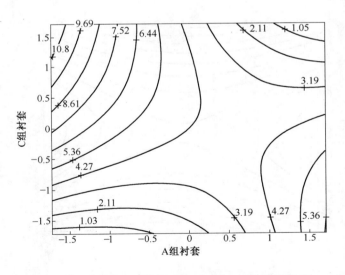

图 B2　因素 A 和 C 组衬套的响应面和等高线图

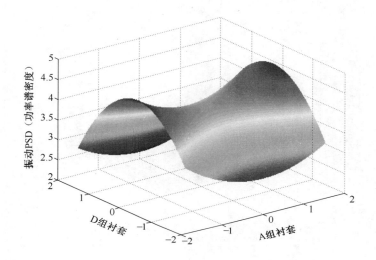

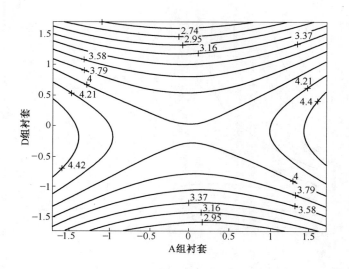

图 B3　因素 A 和 D 组衬套的响应面和等高线图

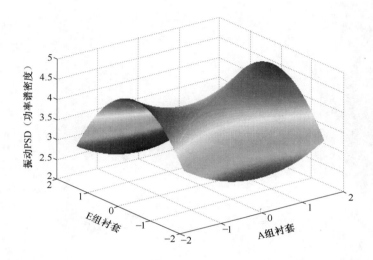

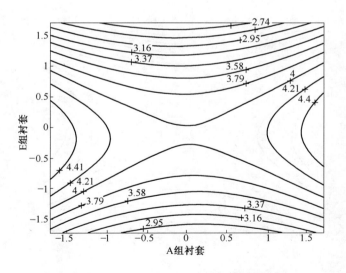

图 B4　因素 A 和 E 组衬套的响应面和等高线图

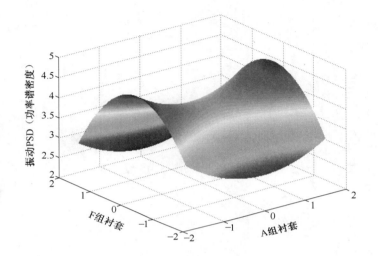

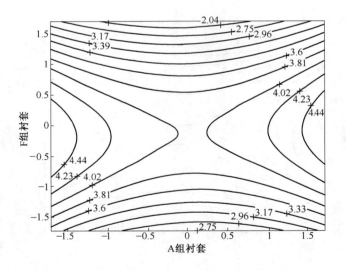

图 B5　因素 A 和 F 组衬套的响应面和等高线图

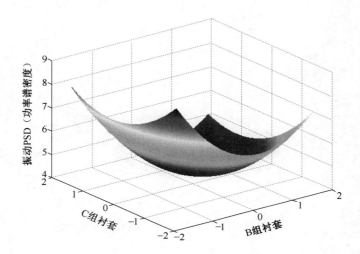

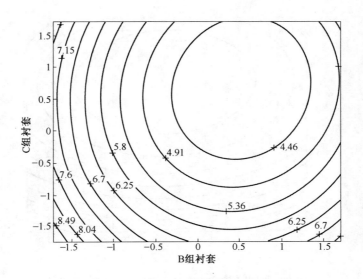

图 B6　因素 B 和 C 组衬套的响应面和等高线图

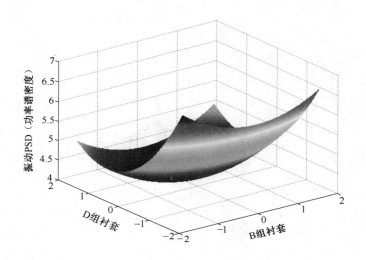

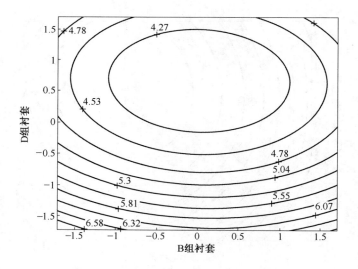

图 B7　因素 B 和 D 组衬套的响应面和等高线图

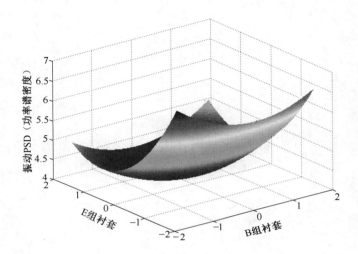

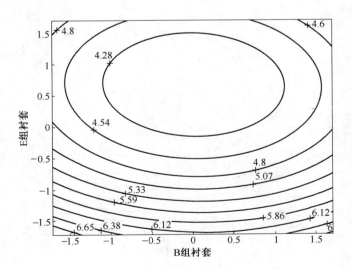

图 B8　因素 B 和 E 组衬套的响应面和等高线图

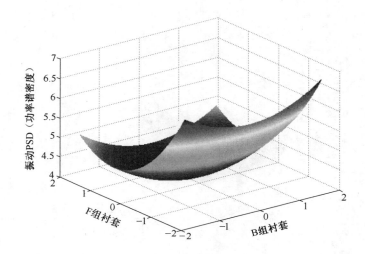

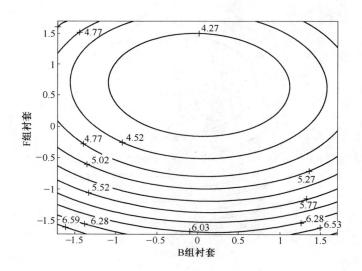

图 B9　因素 B 和 F 组衬套的响应面和等高线图

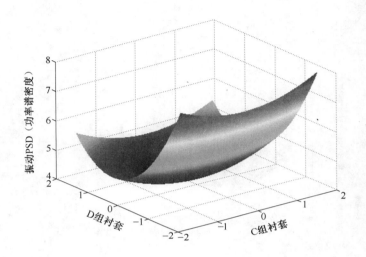

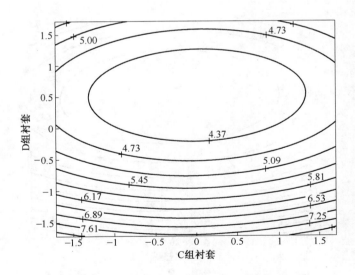

图 B10　因素 C 和 D 组衬套的响应面和等高线图

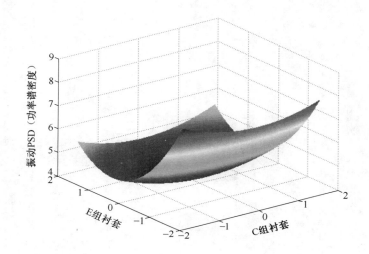

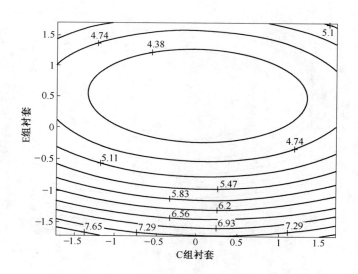

图 B11 因素 C 和 E 组衬套的响应面和等高线图

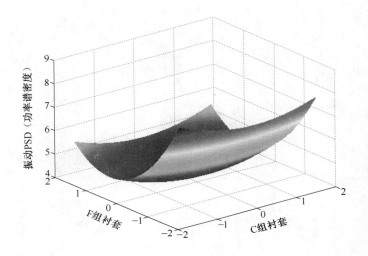

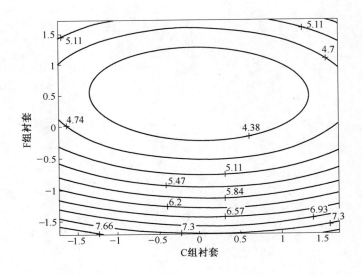

图 B12　因素 C 和 F 组衬套的响应面和等高线图

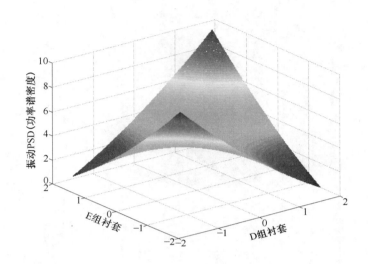

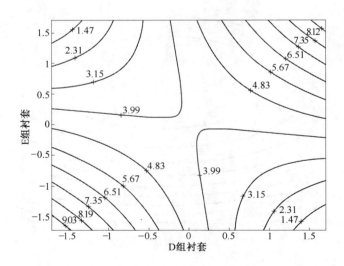

图 B13　因素 D 和 E 组衬套的响应面和等高线图

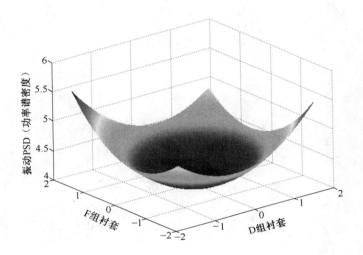

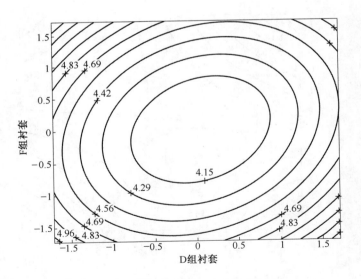

图 B14　因素 D 和 F 组衬套的响应面和等高线图

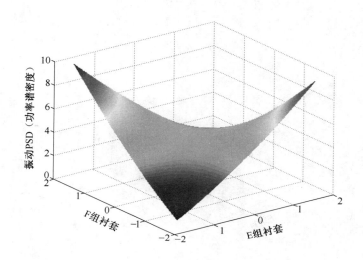

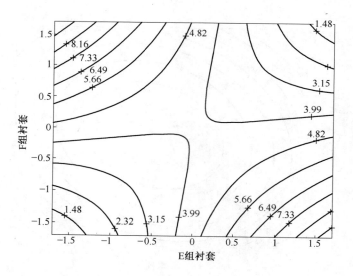

图 B15　因素 E 和 F 组衬套的响应面和等高线图

参考文献

［1］张洪欣. 汽车设计. 第 2 版［M］. 北京:机械工业出版社,1998.

［2］Wolfgang Matschinsky. Road Vehicle Suspensions,［M］. UK:Professional Engineering Publishing Limited,1998.

［3］Elbeheiry E M,Karnopp D C. Advanced Ground Vehicle Suspension Systems – A Classified Bibliography,［J］. Vehicle System Dynamics,1995(24):231–258.

［4］Milliken Jr.,W F. Active Suspension［C］,SAE Paper,880799.

［5］Sharp R S,Crolla D et al. Road Vehicle Suspension System Design – a review,［J］Vehicle System Dynamics,1987(16):167–192.

［6］郭晓潞. 半主动悬架与整车性能的匹配［D］. 上海:同济大学,1999.

［7］余志生. 汽车理论. 第 3 版［M］. 北京:机械工业出版社,2003.

［8］洪嘉振. 计算多体系统动力学［M］. 北京:高等教育出版社,1999.

［9］袁士杰,吕哲勤. 多刚体系统动力学［M］. 北京:北京理工大学出版社,1992.

［10］于清,洪嘉振. 柔性多体系统动力学的若干热点问题［J］. 力学进展,1999,29(2):145–154.

［11］张越今. 汽车多体动力学及计算机仿真［M］. 长春:吉林科学技术出版社,1998.

［12］户原春彦［日］. 防振橡胶及其应用［M］. 北京:中国铁道工业出版社,1982.

［13］IVECO Standard 18-0401. Tassellie Boccole in Gomma–Metallo Per Sospensione Gruppivari,1992.

［14］Kenneth N,Morman J R. Application of Finite–Element Analysis In the Design of Automotive Elastomeric Components［J］. Rubber Chemistry and Technology,1988,61(3):503–533.

［15］Craig Lewitzke,Ping Lee. Application of Elastomeric Components for Noise and Vibration Isolation in the Automotive Industry［C］. SAE paper 2001–01–1447.

［16］赵振东,雷雨成,于学华等. 一种汽车横向稳定杆装置:中国,ZL201320129610.2［P］,2013-09-11.

［17］赵振东. 汽车悬架:中国,ZL201310754413.4［P］.2014-04-10.

［18］林逸,陈欣,王望予. 独立悬架中的橡胶减振元件对汽车性能的影响. 吉林工业大学学报,1993,23(3):18–26.

［19］祁宏钟. 轿车被动独立悬架变形元件非线性特性研究［D］. 上海:同济大学,2002.

［20］Nobutaka Tsujiuchi,Takayuki Koizumi,Takaaki Takenaka etc. A Stiffness Optimization Procedure for Automobile Rubber Mounts［C］. SAE paper 2001–01–1445.

［21］靳晓雄,张立军. 汽车噪声的预测与控制［M］. 上海:同济大学出版社,2004.

[22] 赵剑. 独立悬架汽车摆振研究及 NVH 问题讨论[D]. 北京:清华大学汽车系,2001.

[23] Demic M. Optimization of characteristics of elasto-damping elements of cars from the aspect of comfort and handing[J]. International Journal of Vehicle Design,1992,13(1): 29-46.

[24] Ju Seok K, Jung Rak Yun, Jang Moo Lee,et al. Elastokinematic Analysis and Optimization of Suspension Compliance Characteristics[J]. SAE paper 970104.

[25] Stawomir Dzierzek. Experiment - Based Modeling of Cylindrical Rubber Bushings for the Simulation of Wheel Suspension Dynamic Behavior[C]. SAE paper 2000-01-0095.

[26] Seong Beom Lee, Alan Wineman. A model for non-linear viscoelastic coupled mode response of an elastomeric bushing[J]. International Journal of Non-Linear Mechanics , 2000(35): 177-199 .

[27] Kenneth N, Morman Pan T Y. Application of Finite - Element Analysis in the Design of automotive elastomeric component[J]. Rubber Chemistry of Technology, 1988,61.

[28] Nicholson David W, Nelson Norman W. Finite Element Analysis Design with Rubber[J]. Rubber Chemistry of Technology, 1990,63.

[29] Morman Kenneth N, Kao B G. Finite element analysis of viscoelastic elastometic structures vibrating about non-linear statically stressed configurations[C]. SAE paper 811309.

[30] Charlton D J, Yang J. A review of methods to characterize rubber elastic behavior for use in finite element analysis[J]. Rubber Chemistry of Technology, 1994,67.

[31] Lee Nak Kyu, Lee Myung Sik, Kim Heon Young et al. Design of engine mount using finite element method and optimization technique[C]. SAE paper 980379.

[32] 李峰. 悬架橡胶衬套静特性研究[D]. 上海:同济大学,2004.

[33] 齐小宁,等. Mooney-Rivlin 模型对发泡橡胶力学行为的模拟[J]. 橡胶工业, 2003,50(2): 69-71.

[34] 詹文章. 汽车独立悬架多体系统动力学仿真及转向轮高速摆振研究[D]. 长春:吉林大学, 2000.

[35] 牟向东. 轿车随动悬架中橡胶悬置元件特性分析[J]. 湖北汽车工业学院学报, 2001,15 (2):4-6.

[36] 张立军,余卓平. 悬架中橡胶弹性元件隔振设计方法研究[J]. 振动与冲击,2003,22(3): 46-49.

[37] 彭辉,靳晓雄,刘懿. 橡胶元件在车内降噪中的优化设计[J]. 振动、测试与诊断, 2002,22 (1):43-48.

[38] Spentzas C N. Optimization of vehicle ride characteristics by means of Box's method[J].International Journal of Vehicle Design, 1993,14 (5/6): 539-551.

[39] Tamboli J A,Joshi S G. Optimum design of a passive suspension system of a vehicle subjiected to actual random road excitations[J]. Journal of Sound and Vibration , 1999,219(2): 193-205.

[40] Simionescu P A,Beale D. Synthesis and analysis of the five-link rear suspension system used in automobiles[J]. Mechanism and Machine Theory, 2002 (37): 815-832.

[41] Kwon-Hee Suh, Yoon-ki Lee, Hae-Myun Jeong. A Study on the Handling Performances of

Large-Sized Bus with the Change of Rear Suspension Geometry[C]. SAE paper 2002-02-3071.

[42] Kikuo Fujita, Noriyasu Hirokawa, Shinsuke Akagi et al. Design optimization of multi-link suspension system for total vehicle handling and stability[J]. American Institute of Aeronautics and Astronautics. AIAA-98-4787.

[43] 刘建中,何季雄,柏伟武. 旅行车悬架系统参数动态最优设计[J]. 汽车技术,1990,(5): 13-19.

[44] 汤靖,高翔,陆丹. 基于 ADAMS 的麦弗逊前悬架优化研究[J]. 计算机辅助工程,2004,(1):28-32.

[45] 段敏,张立军,石晶等. 基于神经网络轻型客车悬架参数的优化[J]. 汽车工程,2003,25(2):190-197.

[46] 韩忠浩,符朝兴,张立军. 汽车多工况平顺性优化初探[J]. 现代机械,2001,(2):90-93.

[47] 李戎. 载货汽车悬架系统优化设计[D]. 上海:同济大学,2000.

[48] 王其东. 基于多体理论的汽车悬架系统分析、设计与控制研究 [D]. 合肥:合肥工业大学,2002.

[49] 郭孔辉. 汽车操纵动力学[M]. 长春:吉林科学技术出版社,1991.

[50] 赵又群,郭孔辉. 汽车操纵性评价的发展、研究意义与基本问题[J]. 汽车技术,1998(5): 1-4.

[51] 万里翔,许明恒. 汽车行驶平顺性评价方法的研究[J]. 西南交通大学学报,2001,36(1): 71-74.

[52] 王国强,张进平,马若丁. 虚拟样机技术及其在 ADAMS 上的实践[M]. 西安:西北工业大学出版社,2002.

[53] 郑凯,胡仁喜,陈鹿民等. ADAMS 2005 机械设计高级应用实例[M]. 北京:机械工业出版社,2006.

[54] http://www.mscsoftware.com/products/adams.cfm.

[55] ADAMS 机械系统运动学与动力学分析仿真软件[M]. 美国 IMAG 公司,1994.

[56] 《汽车工程手册》编辑委员会.汽车工程手册设计篇. 第 1 版[M]. 北京:人民交通出版社,2001.

[57] Horton J M, Gover M J C, Tupholme G E. Stiffness of Rubber Bush Mountings Subjected to Radial Loading[J]. Rubber Chemistry and Technology, 2000, May/Jun:253-264.

[58] Horton J M, Gover M J C, Tupholme G E. Stiffness of Rubber Bush Mountings Subjected to Tilting Loading[J]. Rubber Chemistry and Technology, 2000, Sep/Oct:619-633.

[59] A. N. 詹特[美]. 橡胶工程-如何设计橡胶配件[M]. 北京:化学工业出版社,2002.

[60] 吴顺祥. 灰色粗糙集模型及其应用[M]. 北京:科学出版社,2009.

[61] 罗佑新,张龙庭,李敏. 灰色系统理论及其在机械工程中的应用[M]. 长沙:国防科技大学出版社,2001.

[62] 赵振东,邹小俊. 汽车风噪声主观评价的灰色聚类分析[J]. 机械科学与技术,2011,30(12):2157-2164.

[63] 赵振东. 灰色聚类法在汽车传动系选型优化中的应用[J]. 机械设计与研究,2011,27(3):

52-55.

[64] 于雷. 灰色系统理论在汽车齿轮寿命预测中的应用[J]. 汽车技术,2006(9):24-26.

[65] 翟已. 一种预测疲劳及蠕变寿命的新方法[J]. 西南交通大学学报,1992(6):42-46.

[66] 党耀国,刘思峰,王正新,等. 灰色预测与决策模型研究[M]. 北京:科学出版社,2009.

[67] 袁嘉祖. 灰色系统理论及其应用[M]. 北京:科学出版社,1991.

[68] 邓聚龙. 灰色系统理论教程[M]. 武汉:华中理工大学出版社,1990.

[69] SAE Recommended Practice J1183. Recommended Guidelines for Fatigue Testing of Elastomeric Materials and Components.

[70] 贺李平,龙凯,肖介平. ANSYS13.0 与 HyperMesh11.0 联合仿真有限元分析[M]. 北京:机械工业出版社,2012.

[71] 张振秀,沈梅,辛振祥. 有限元软件 MSC. Mare/Mentant 在橡胶材料分析中的应用[J]. 世界橡胶工业,2005,32(12):32-36.

[72] Courant R. Variational Method for Solution of Problem of Equilibrium and Vibrations[J]. Bull Am Math Soc ,1943,49:1-23.

[73] 冯康. 基于变分原理的差分法格式[J]. 应用数学和计算数学,1965. 2(4):238-262.

[74] 陈锡栋,杨婕,赵晓栋,范细秋. 有限元法的发展现状及应用[J]. 中国制造业信息化,2010,39(11):6-12.

[75] 王自勤,计算机辅助工程(CAE)技术及其应用[J]贵州工业大学学报(自然科学版),2001,30(4):16-18.

[76] Friedirieh M,Baltes J,Sehutz M,Gartner H. Elastomerie Produets[C],1999 MSC Worldwide,Automotive Conference.

[77] 范仁德. 高新技术在橡胶工业中的应用[J]. 中国橡胶,2001,17(22):3-7.

[78] 孟超,宋芳. 有限元分析软件的比较和展望[J]. 焦作大学学报,2008,1(1):84-86.

[79] 宋剑锋. 详细 ANSYS 有限元分析[M],北京:中国铁道出版社,2012.

[80] 张红松,胡仁喜,康士延. ANSYS 13.0 有限元分析从入门到精通[M]. 北京:机械工业出版社,2011.

[81] 李人宪. 有限元法基础[M]. 北京:国防工业出版社,2004.

[82] 周恩涛,李建勋,林君哲. 液压缸活塞密封性能的有限元分析[J]. 润滑与密封,2006,4:84-89.

[83] 康一坡,霍福祥,魏德永,等. 有限元技术在橡胶悬置正向开发中的应用[J]. 设计开发,2004,1:6-11.

[84] Mohan D. Rao, Scott Gruenberg, Dave Griffiths. Measurement of Dynamic Parameters of Automotive Exhaust Hangers[C]. SAE paper 2001-01-1446.

[85] Peter G. Martin, Jeff R. Crandall. Constitutive Modelling of Polymers Subjected to High Strain Rates[C]. SAE paper 2001-01-0472.

[86] 李法华. 功能性橡胶材料及制品. 第 1 版[M]. 北京:化学工业出版社,2003.

[87] 特雷劳尔 L R G. 橡胶弹性物理力学[M]. 王梦蛟,王培国,薛广智译. 北京:化学工业出版社, 1982.

[88] ANSYS help.

[89] 徐忠丽. 橡胶密封制品的有限元模拟与结构优化[D]. 山东:青岛科技大学,2006.

[90] 徐明. 橡胶类超弹性材料非线性本构关系研究和有限元分析[D]. 北京:北京航空航天大学,2002.

[91] 温强,余卓平,张立军. 悬架中的橡胶支承及其静、动刚度特性试验研究[J]. 上海汽车,1999,(8):7-9.

[92] Mattias Sjoberg. Rubber Isolators-Measurements and Modelling using Fractional Derivatives and Friction[C]. SAE paper 2000-01-3518.

[93] 喻惠然,喻隆. 汽车技术中弹性件的刚度试验和计算[J]. 汽车技术,2000,(9):15-16.

[94] 王建国,王连庆,王红缨等. 汽车发动机支承软垫动态刚度与阻尼的测试[J],物理测试,1999,(5):23-27.

[95] SAE Recommended Practice J1636. Recommended Guidelines for Load/Deformation Testing of Elastomeric Components.

[96] SAE Recommended Practice J1085. Testing Dynamic Properties of Elastomeric Isolators.

[97] Chang-Kook, Byung-Kook Bea, Kwang-Joon etc. A Feasibility Study on Indirect Identification of Transmission Forces through Rubber Bushing in Vehicle Suspension System by Using Vibration Signals Measured on Links[J]. Vehicle System Dynamics, 33(2000):327-349.

[98] 曾昭华,傅祥志. 优化技术[M]. 北京:机械工业出版社,1992.

[99] 刘惟信. 机械最优化设计. 第2版[M]. 北京:清华大学出版社,1994.

[100] 余志生. 汽车理论. 第5版[M]. 北京:机械工业出版社,2003.

[101] 汽车操纵稳定性试验方法 转向瞬态响应试验(转向盘转角阶跃输入)(GB/T 6323.2—94).

[102] 汽车操纵稳定性试验方法 稳态回转试验(GB/T 6323.6—94).

[103] 林逸,马天飞,姚为民,等. 汽车 NVH 特性研究综述[J]. 汽车工程,2002,24(3):177-186.

[104] Kuo E Y, Li D,Loh W. The Effects of Bushing Degradation on Vehicle High Mileage NVH Performance[C]. SAE paper 960732.

[105] Li D,Kuo E Y,Loh W. The Application of CAE Based Robustness Methodology to Vehicle High Mileage NVH Degradation[C]. SAE paper 960733.

[106] 李云雁,胡传荣. 试验设计与数据处理[M]. 北京:化学工业出版社,2005.

[107] 茆诗松,丁元,周纪芗,等. 回归分析及其试验设计[M]. 上海:华东师范大学出版社. 1981.

[108] 赵振东,雷雨成. 一种用于车辆悬架的弹性衬套:中国,ZL201320039598.6[P],2013-07-13.

[109] 赵振东. 一种汽车悬架系统:中国,ZL201420360290.6[P],2013-07-02.

[110] 赵振东,雷雨成. 一种用于汽车悬架的橡胶限位块:中国,ZL201320129625.9[P]. 2013-03-20.

[111] 赵振东,雷雨成,张清叶. 一种用于汽车悬架 A 型摆臂的连接衬套:中国,ZL201320039572.1[P],2013-09-11.

[112] 刘建勋,卜继玲. 轨道车辆转向架橡胶弹性元件应用技术[M]. 北京:中国铁道出版社 2012.

[113] 张宝生,李杰,林明芳. 汽车优化设计理论与方法[M]. 北京:机械工业出版社,2000.

[114] 张健. 基于知识的汽车整车设计理论和方法研究[D]. 上海:同济大学,2002.

[115] 袁学明,雷雨成,赵振东. 轿车底盘三维参数化总布置设计系统集成研究[J]. 汽车技术,2005(10):1-5.

[116] 庞超明,秦鸿根,季圭. 试验设计与混凝土无损检测技术[M]. 北京:中国建材工业出版社,2006.